PETER LANZ
FALCO

Die autorisierte Biographie des Superstars

BASTEI-LÜBBE-TASCHENBUCH
Band 61 099

Bildquellennachweis

dpa/Leuschner, S. 120; dpa/Votava, S. 95; Billy Filanowski, Wien, S. 146, 147; Hipp-Foto, Berlin, S. 89, 106, 151; Maria Hölzel, Wien, S. 24, 25, 55, 66, 85, 125; jürgen & thomas, München, S. 161; Kövesdi Presse Agentur, München, S. 183; s.e.t. Photoproductions, München, S. 3, 130, 174.
Farbteil: action press, Hamburg, und dpa/Schmitt (ARD-Wunschkonzert).

© 1986 by Script Medien Agentur, München und
Gustav Lübbe Verlag GmbH, Bergisch Gladbach
Printed in Western Germany 1986
Einbandgestaltung: Klaus Blumenberg
Titelabbildung: Teledec über Mama Concert
Satz: ICS Communikations-Service GmbH, Bergisch Gladbach
Herstellung: Ebner. Ulm
ISBN 3-404-61099-7

Der Preis dieses Bandes versteht sich
einschließlich der gesetzlichen Mehrwertsteuer

Bei den Vorarbeiten zu diesem Buch waren mir viele Personen eine unerschöpfliche Quelle von Information und Inspiration, ihnen sei hier Dank gesagt.
Im Besonderen gilt der Dank Herrn Hans Mahr, FALCOS Freund und Wiener Berater, sowie Herrn Horst Bork, FALCOS Weggefährten und Geschäftspartner seit vielen Jahren.
Frau Marie-Louise Heindel danke ich, die mir ein Jahr lang half, in zeitraubender Kleinarbeit scheinbar längst vergessene Ereignisse im Leben FALCOS aufzuspüren und zu dokumentieren.
Mein ganz besonderer Dank gilt Frau Maria Hölzel, FALCOS Mutter, für ihre Geduld und beredte Auskunftsbereitschaft während langer Gespräche, und dafür, daß sie private Fotos zur Verfügung gestellt hat.
Ich möchte nicht vergessen, Frau Gerlinde Kolanda, die zahlreiche Interviews machte, zu danken, und Herrn Billy Filanowski für die Zeit, die er opferte, um mitzuhelfen, dieses Buch zu erarbeiten.
Doch allen voran gilt mein Dank FALCO.
Trotz der vielen beruflichen und privaten Turbulenzen nahm er sich immer wieder Zeit für ausführliche Gespräche und erzählte in zahlreichen Interview-Stunden ungeschminkt aus seinem Leben.
Darüber hinaus fand er sich dazu bereit, dem Buch ein Vorwort mit auf den Weg zu geben, das fertige Manuskript kritisch zu lesen und die Biographie zu autorisieren.
Dafür sei ihm noch einmal herzlich Dank gesagt.

PETER LANZ

VORWORT

Hin und wieder wurde ich gefragt, ob ich nicht Lust hätte, meine Memoiren zu schreiben. Ich sagte dann immer nein, denn wie kann ich mit meinen kaum 30 Jahren von einer »Lebenskarriere« sprechen, auf die sich ein Rückblick lohnte? Das wäre, als würde man mich Jung-Vater dazu auffordern, ein umfassendes Werk über Kindererziehung zu schreiben: Ich bin gerade dabei zu *lernen,* zu lernen, wie man mit seinem Kind umgeht, und zu lernen, wie man mit einer Karriere umgeht.
Also: viel zu früh für Memoiren, ich bin noch nicht 60, ich bin noch nicht weise, und ich kann nicht einmal Bilanz einer Halbzeit ziehen.
Andererseits verstehe ich gut, daß viele Menschen, die meine Musik mögen und sich mit meiner Person auseinandersetzen, mehr über mich wissen möchten.
Und deshalb ist dieses Buch *mein Buch.*
Der Autor, Peter Lanz, hat viele Tage lang mit mir Gespräche geführt und dann versucht, ganz ehrlich, ohne zu beschönigen oder zu verfälschen, diese Interviews zusamenzufassen und über die ersten 30 Jahre meines Lebens zu schreiben.
Es ist eine kritische Auseinandersetzung mit meiner Arbeit, meiner Karriere, ja, mit mir geworden.
Es erzählt von meinen Songs, meinen Träumen und Enttäuschungen.
Ein Buch für meine Fans und meine Freunde.
August 1986

ER WAR EIN PUNKER
UND ER LEBTE IN DER GROSSEN STADT
ES WAR IN WIEN, WAR VIENNA
WO ER ALLES TAT.
ER HATTE SCHULDEN, DENN ER TRANK.
DOCH IHN LIEBTEN ALLE FRAUEN.

Prolog

Der schwarze Himmel hatte sich endlich in ein Lichtermeer verwandelt. Ein bläulich-violetter Dunstschleier lag in der Luft. Ich kann heute nicht mehr genau sagen, wie damals die Kneipe hieß, in der ich FALCO aufgelesen hatte; sie war eng, wirkte ein wenig schmuddelig und war voll von Rauch und Bierdunst.
Es war Freitagabend, und in dem Lokal in der Lazarettgasse in Wien saßen nur ein paar Leute, meist Angestellte des Allgemeinen Krankenhauses gegenüber. FALCO saß mit dem Rücken zur Tür. Er aß Würstchen und trank Tee. Neben ihm hockte ein kleiner Junge und verschlang ein Mickymaus-Heft. Und dann war da noch ein Mann mit am Tisch, etwa Mitte Dreißig, Brille, weißes Hemd mit Button-down-Kragen und gemustertem Schlips. Er hatte sein Haar gescheitelt und trug es nach der amerikanischen Business-Art halblang. Es war der Vater des Jungen.
»In längstens eineinhalb Stunden«, sagte er gerade zu FALCO, »seid ihr auf dem Semmering.«
»Yap«, machte FALCO und begann gedankenverloren seinen Magen zu massieren. Dann zündete er sich eine Zigarette an. Er war die Strecke in den letzten Tagen ein paarmal gefahren, gestern zuletzt, als er seine schwangere Freundin mit Wehen in die Klinik gebracht hatte. Er fuhr gerne Auto, auch nachts und auf längeren Strecken. Er fuhr stets äußerst vorsichtig und niemals schneller als 130 Stundenkilometer. Was ihn auch dazu treiben mochte, manchmal unsinnige oder gefahrvolle Dinge zu tun, das Rasen mit dem Auto gehörte nicht dazu. Er hatte einfach das Gefühl noch nie in sich verspürt, mit der Gewalt eines starken Motors irgend

etwas beweisen zu müssen oder sich durch ein wahnwitziges Tempo eine Art von Befriedigung zu besorgen.
Es war ziemlich warm in der Kneipe. Ich öffnete meine Jacke. Die Scheinwerfer vorbeifahrender Autos sprenkelten die Vorhänge. Der kleine Junge, der mit am Tisch saß, kicherte über seinem Comic-Heft.
In jenen Tagen war FALCO für Millionen zu einem charismatischen Heros geworden, der Verkauf seiner Platte »Falco 3« übertraf alles bisher Dagewesene, er war gerade drauf und dran, mit der »Amadeus«-Single die Spitze aller drei großen amerikanischen Charts zu erklimmen, von überall her, aus Japan, Großbritannien, den USA, kamen Reporter und wollten Interviews mit ihm.
Der FALCO dieser Tage, der da in den Stuhl gelehnt saß, lässig Filterzigaretten paffte, während er sprach, war natürlich ein anderer, mußte es sein. Er wirkte irgendwie smarter als auf dem Bildschirm oder der Konzertbühne – ein mittelgroßer Junge Ende Zwanzig, ein ausdrucksvolles, rundes Gesicht, das dunkle Haar kurz geschnitten, strahlte er weder jene aggressive Aura von Blasiertheit aus, noch die gestylte Arroganz, die man ihm oft vorwarf. Er hatte weite, weiße, mit blauen Streifen paspelierte Jogging-Hosen an, ein Sweat-Shirt und weiße Tennisschuhe.
Als ich an den Tisch trat, unterhielten sich FALCO und der andere Mann, sein Freund Hans Mahr, der früher die Wahlwerbung für den österreichischen Bundeskanzler Bruno Kreisky geleitet hatte, darüber, ob sie am Tag darauf in das Konzert von Yoko Ono gehen sollten. In der Tat war FALCO offenbar zuerst ganz versessen darauf gewesen, hinzugehen, aber dann änderte er seine Meinung. Er kam zu dem Schluß, daß er eigentlich John Lennon hatte sehen wollen und nicht Yoko Ono, dessen Witwe. Einmal, in einem Interview mit »people«, hatte er gesagt, er wolle im Leben nicht mehr erreichen, als so zu sein »wie zwei Finger an der linken Hand von John Lennon«.

»Oh, 'n Abend«, sagte FALCO als er mich sah. Er rutschte mit seinem Stuhl zur Seite. Ich setzte mich. Dann blickte er auf die Uhr. Obgleich FALCO kein Abstinenzler ist, war sein Appetit auf Alkohol an jenem Abend mäßig. Während wir auf den Nachtisch für den Jungen warteten, versorgte uns Hans Mahr mit Cognac. FALCO selbst nahm nur einen kleinen Höflichkeitsschluck. Er ließ sich ruckartig gegen die Lehne seines Stuhls fallen und senkte die Augenlider. (Nur wenn er in einem Gespräch das Gesagte besonders unterstreichen will, zieht er die Brauen hoch. Mag sein, daß ihm jene Geste die Attitüde der Hochmütigkeit verleiht, die man ihm oft unterstellt. Eine Zeitlang ist dieses Brauenhochziehen bei ihm zu einer Art Manie geworden, er machte es immer, wenn er fotografiert wurde. Den Fans gefiel das, und irgendwie wurde die Neigung, die Augenbrauen hochzuziehen, zu seinem Markenzeichen, so, wie die nassen Haare und das breite Lachen.)

Wie viele Menschen, die sich intensiv mit sich selbst befassen, ist er ein Mensch des Monologs, er genießt es regelrecht, wenn ihm andere Leute zuhören. Aber im Gegensatz zu den meisten anderen Pop-Stars ist seine Stimme kultiviert und seine Sprache geschliffen. Während er die Winzigkeit Cognac in seinem Glas herumschwappen läßt, sagt er mit einem Blick auf das Glas: »Wer behauptet schon gern von sich, schwach zu sein? Aber, ehrlich gestanden, mir mangelt es an Disziplin. Ich bin genußsüchtig, ich lasse mich mit Vorliebe zu Saufereien verführen, ich lasse mich überhaupt gern verführen, zu all den Dingen, die über die Stränge schlagen.«

Ich frage ihn, weshalb er dann den Cognac unberührt ließe und er antwortet, er habe erst in der vergangenen Woche ordentlich mit seinem Vater gebechert und den halben Tag daraufhin verschlafen.

Das Mädchen, das ein Omelett mit Aprikosenmarmelade bringt, will es vor FALCO hinstellen. Er schiebt den Teller

weg: »Das fehlte gerade noch!« Er fängt wieder an, seinen Magen zu reiben. »Ich sollte eigentlich nichts von dem da essen, aber das einzige, was ich essen möchte, ist solches Zeug.« Er hat in den vergangenen Wochen eisern Diät gehalten und mit Hilfe der Weight Watchers wirklich 13 Pfund heruntergehungert. »Ich nehme nirgendwo so zu, wie um die Hüften«, klagt er. Dann schiebt er unvermittelt den Ärmel seines Sweat-Shirts zurück und streckt den nackten Unterarm vor. »Ihr müßt euch nur mal meine Knochen anschauen! Die sind zart und dünn. Das ist alles nicht für viel Gewicht gebaut. Wenn ich fett werde, kriege ich eine Kasperlfigur.« Die Wiener Küche mit ihrer Vorliebe für das Süße, das Stärkehaltige, das Fettgebackene, macht ihm zu schaffen. »Mein ideales Gewicht wäre 70 Kilo. Jetzt habe ich immer noch 75. Ich bin zwar einen Meter neunundsiebzig groß, aber ich habe so leichte Knochen.«
Er seufzte niedergeschlagen und probierte ein Stück vom Omelett des Jungen. »Im Show-Geschäft führt man ein sehr, sehr ungesundes Leben«, sagte er kauend, »zumindest, was die Unregelmäßigkeit anlangt. Überall nur vom Besten, aber manchmal doch zuviel.«
Nachdem wir bezahlt hatten, schlüpfte FALCO in seine blaue, pelzgefütterte Drillichjacke. Sie war weit geschnitten, und auf dem Rücken stand »Falco Tour«. Wir verließen nun die Kneipe und stiegen ein paar Stufen zur Straße hoch. Ein kalter Wind war aufgekommen, der sich auf der Haut wie kleine, stechende Nadelspitzen anfühlte.
Buntes Schaufensterglas glühte im Licht der Straßenlampen, und Häufchen von altem Schnee klebten wie schmutziggrauer Kandiszucker im Rinnstein. Mahr und sein Sohn verabschiedeten sich, und ich folgte FALCO zum Auto. Er hatte sich vor drei Wochen mit seiner Freundin Isabella in eine einsame Kurklinik auf dem Semmering, etwa hundert Kilometer südlich von Wien, zurückgezogen, um dort – unerreichbar für Nichteingeweihte – die Tage bis zur Geburt

seines ersten Kindes abzuwarten. Als dann am Nachmittag des Vortags bei Isabella unversehens die Wehen einsetzten, hatte er sein Domizil Hals über Kopf verlassen und war nach Wien gefahren. Es folgten wildbewegte Stunden, und FALCO war im Kreißsaal dabei, als der Arzt Dr. Volker Korbei gegen 20 Uhr 10 mithalf, das Baby zur Welt zu bringen.

Beinahe generalstabsmäßig lief dann ein Plan ab, nach dem eine Mitarbeiterin seines Büros die nächsten Verwandten verständigte. Zuerst wurde Isabellas Mutter angerufen, dann ihr Vater, schließlich FALCOS Vater. Maria Hölzel, FALCOS Mutter, war zu der Zeit gerade auf Mallorca, und FALCO erreichte sie erst am anderen Morgen.

Die ganze Zeit im Krankenhaus hatte FALCO einen kleinen Kassettenrecorder laufen lassen, um die ersten Schreie seines Kindes zu archivieren. Noch in der Nacht, gegen Viertel vor zwei, rief er seinen besten Freund, Billy Filanowski, an und spielte ihm die Kassette vor. »Er war total aus dem Häuschen«, erzählte Billy Filanowski am anderen Tag, »er war völlig ausgeflippt und glücklich.«

Als FALCO mit Isabella in die Klinik in der Lazarettgasse gekommen war, in der ein Bett für sie bereitstand, hatte es noch einen kleinen Zwischenfall gegeben. Während Isabella versorgt wurde, bat man FALCO in ein Büro. Er mußte einige Papiere ausfüllen, und dann verlangte man von ihm eine Vorauszahlung von zehntausend Schillingen.

»Aber hören Sie mal«, sagte FALCO, »ich habe nichts bei mir, außer meinem Autoschlüssel, einem Führerschein und einem Kassettenrecorder. Ich habe kein Geld dabei. Sie bekommen Ihre zehntausend Schilling morgen.«

»Das geht nicht. Sie müssen jetzt bezahlen. Sie können uns auch einen Scheck dalassen.«

»Aber ich sage Ihnen doch, ich habe *nichts* dabei«, antwortete FALCO, den die Umstände zu nerven anfingen. »Oder meinen Sie vielleicht, ich würde mit meiner Frau und meinem Kind morgen abhauen, ohne zu bezahlen?«

Zu Billy Filanowski sagte er am Telefon: »Jetzt weiß ich wenigstens, daß ich mir nächstes Mal viel Geld einstecken muß, wenn Isabella wieder ein Baby kriegt. Den Leuten ist das das wichtigste.«
Tatsächlich hatte er alle seine Sachen auf dem Semmering zurückgelassen, als er voll Hektik die Kurklinik verlassen hatte, und er fragte mich am anderen Abend, ob ich nicht mit ihm fahren wollte, um ihm ein wenig Gesellschaft zu leisten.
Wir fuhren kurz vor elf Uhr nachts los. Der Wind war jetzt stärker geworden. Er peitschte die Wolken wütend vor sich her und schmetterte ausgezehrte, abgebrochene, braune Äste auf der Straße herum. FALCO fährt einen kleinen schwarzen Peugeot 205. Die Zeiten, als er davon träumte, einen Porsche oder gar einen Bentley zu besitzen, sind längst vorbei. Jetzt, wo er sich alle Autos der Welt kaufen könnte, sind sie ihm völlig gleichgültig geworden.
FALCO nahm den Weg über den Lerchenfelder Gürtel zum Bahnhof Matzleinsdorf und dann südlich die Triester Straße bis zur Stadtgrenze.
Es war eine ganz merkwürdige Nacht mit einer ganz merkwürdigen Stimmung, und ich habe nicht ohne Grund mit der Beschreibung jener Nacht angefangen, die Person FALCOS zu skizzieren. Das Leben bis zu jenen sturmvollen Stunden um den 13. März 1986 war für ihn, wie er sagte, eine Art Prolog, ein Schlingern im Wellengang. »Und dann ist mir da etwas Großartiges passiert, ich habe ein Kind, und nichts wird von nun an mehr sein wie früher.«
Sein faltenloses Gesicht schimmerte hell, als sich das Scheinwerferlicht der Entgegenkommenden in der Scheibe spiegelte. Es ist eine fast unmerkliche Zartheit in seinen Zügen, die straffe Haut, eine hohe Stirn mit glattem, geradem Haaransatz, dunkle, auseinanderstehende Augen, Adlernase, volle Lippen von entspanntem, sinnlichem Ausdruck. Nicht Freunden, aber selbst guten Bekannten gegen-

über wirkt er zwar liebenswürdig, aber doch kühl. Oft sieht er Menschen mit einer Sicherheit an und mit einem Ausdruck, den man nur mitleidsvoll nennen kann, so, als habe er Seiten des Lebens kennengelernt, die ihnen zu seinem Bedauern unbekannt blieben.
Es war daher ein ziemliches Erlebnis, Zeuge zu sein, wie verletzlich und wie sensitiv er in jener Nacht war. Er war sichtlich bewegt.
Nachdem er eine Weile geschwiegen hatte, sagte er plötzlich: »Ich bin ein sehr friedliebender Mensch, ich hasse geradezu körperliche Auseinandersetzungen. Das war schon in meiner Kindheit so, und deshalb sind mir die anderen Jungen in der Schule regelrecht auf die Nerven gegangen, wenn sie damit angaben, wie sie sich verprügelt hatten. Das alles hat mich nie interessiert. Ich verdrückte mich bei Schlägereien immer, und ich dachte nie daran, mich als Mann beweisen zu müssen, indem ich jemand anderen verprügelte. Aber das ist jetzt alles anders. *Gestern ist etwas geschehen. Gestern ist ein Kind auf die Welt gekommen. Und ich weiß, für dieses Kind würde ich mich kaputtmachen. Ehe diesem Kind etwas zustößt, würde ich alles tun. Nichts könnte mich aufhalten, nicht einmal ein Panzer.*«
Er entwarf in der Folge ein Diagramm von Grausamkeiten, die ihm in den Sinn kamen, er sah mit einem Male hart, aber gleichzeitig auch sehr zerbrechlich aus. Sein bisheriges Leben hatte ihn zu dieser Einstellung gebracht, er war von Anfang an vernarrt in sein Kind.
»Die Entscheidung, das Kind haben zu wollen«, sagte er, »war eine Art von Selbstüberlistung. Ich stelle mir das schon seit zwei oder drei Jahren vor – wie es mir mit Hilfe eines Kindes gelingen könnte, die Natur zu überlisten und den Tod übers Ohr zu hauen. Das Kind ist das Element meines Lebens geworden.«
Als Isabella gemerkt hatte, daß sie schwanger war, redeten sie eine ganze Nacht lang drüber, ob sie das Baby wollten

oder nicht. »Und dann kamen wir beide zu dem Schluß, daß wir es *brauchten*.
Zeitweise trank ich viel zu viel, ich futterte in mich hinein und hungerte es wieder herunter, ich lebte ungesund und völlig planlos und ohne gescheites Ziel. Und ehe ich Isabella kennengelernt hatte, ging es ihr ähnlich. Ich wollte dem einen Riegel vorschieben, ich wollte etwas haben, für das ich da sein mußte.«
Er empfand nie Panik vor dem, was nunmehr anders werden würde. »Das war immer irgendwie ein Glücksgefühl.«
Am Fuße des Semmerings schneite es nicht richtig, aber es war ein grießiger, dünner Regen, vermischt mit Nebelfetzen. Je höher wir kamen, desto geschlossener war noch die glasige Schneedecke. FALCO bog nach einer Weile ab und fuhr einen schmalen Weg hinauf zum Kurhaus Stühlinger. Die Giebel in der Schwärze der Nacht, die unterschiedlichen Fenster, die Erker mit Türmchen und die langgestreckte Fassade verliehen dem Gebäude etwas Imposantes.
FALCO hatte an dem Tag ziemlich lange geschlafen und war noch sehr munter. Er ließ sich belegte Brote bringen und Kräutertee. In seinem Zimmer lagen Dutzende von Videokassetten herum. Er hatte sich einen Recorder ausgeliehen und in den letzten Wochen, Nacht für Nacht, Kassetten angesehen. Er schaute alles an, was es zu leihen gab, Thriller und Abenteuerfilme, aber keine Liebesgeschichten. Tagsüber war er in der harschigen Landschaft spazierengegangen und hatte in der späten Winterkälte gefroren; er lebte sehr gesund in den vergangenen drei Wochen, ließ sich massieren, ging in die Sauna und redete lange mit Isabella. Einmal hatte ihn ein Lehrer aus einem Gymnasium in der Nähe angerufen und ihn eingeladen, in die Schule zu kommen, um Autogramme zu geben und mit den Schülern zu diskutieren. FALCO hatte ziemlich barsch abgelehnt. Einerseits wollte er die Tage bis zur Geburt des Kindes in der ländlichen Abgeschiedenheit verbringen und niemanden

sehen, und auf der anderen Seite mochte er Schulen nicht. Er verabscheute diesen Geruch nach Schweiß und billigem Bohnerwachs und diese merkwürdige Aura von Strenge und Disziplin, die über die Jahre allen Schulräumen anhaftet. Erstaunlicherweise langweilte er sich keine Sekunde.

Er sagte: »Isabella ist ein sehr starkes Wesen, oft von einer stoischen Ruhe, die mich aus der Fassung bringt. Sie ist ganz anders als ich, sie kann drei Tage lang schweigen und sich nur mit sich selbst beschäftigen. Aber sie ist bei ihrem Tun unbeirrbar. Als ich sie kurze Zeit kannte, nach zwei, drei Wochen, da dachte ich, daß sie plemplem sein müsse. Dinge, die mich völlig aus der Fassung brachten, schienen ihr nichts auszumachen. Aber mit der Zeit lernte ich, daß das die Kraft ist, die in ihr ruht und die sie so widerstandsfähig macht. Vielleicht ergänzen wir uns deshalb so gut, ich bin vom Typus her schnell nervös und ungeduldig und gereizt, ich schwappe regelrecht über vor lauter Spontaneität. Aber die Bella ist immer diszipliniert.

Irgendwann rannte ich in den letzten Tagen hier herum und faselte davon, daß wir noch schnell eine neue Wohnung suchen sollten. Ich sagte: ›So, wie wir leben, mitten in der Stadt, ist das nicht gut für ein Kind.‹ Ich sah zum Fenster hinaus, die Tannenbäume mit den Schneehauben, die verschneiten Wege, die Ruhe rundum, und ich wurde ganz hektisch. Bella hörte sich meine Argumente eine Weile ruhig an, und dann sagte sie: ›Wovon redest du schon wieder, großer Mann? Das ist doch hirnverbrannt. So viele Kinder sind in Wohnungen mitten in der Stadt groß geworden. Warum sollen wir uns *jetzt* den Kopf schwer machen?‹ Und ich saß da und dachte, sie hat eigentlich recht, wie oft sehen doch die Männer – und gerade so Zampanos wie ich – Probleme, die gar nicht vorhanden sind. Natürlich werde ich versuchen, irgendwo im Grünen ein Haus mit einem Garten zu finden, aber das muß nicht heute passieren und nicht morgen und übermorgen auch noch nicht.«

Sein Zimmer in dem Kurhaus war relativ klein; der Schrank, ein einfacher Kubus aus hellem Holz, die Betten, der Tisch, die Stühle, die sanft gemusterten Tapeten und die karmesinroten Fußbodenläufer waren im Stil der 50er Jahre. Die Nachttischlampen mit den gefältelten Schirmchen wirkten pittoresk.
Aber überall herrschte eine peinliche Sauberkeit, jedes Kleidungsstück war ordentlich zusammengefaltet und über einen Bügel gehängt, nichts sah nach überstürztem Aufbruch aus, alles stand an seinem Platz. Als ich ihn darauf anspreche, antwortet er: »Ich bin kein akkurater Typ, aber ich mag auch keine Unordnung und keinen Dreck. Mir ist es im Zweifelsfall immer noch lieber, wenn alles klinisch sauber ist. Ich mag nicht dieses Erbsenzählen, dieses Mit-dem-Winkelmaß-Nachmessen-ob-der-Aschenbecher-am-richtigen-Platz-steht, ich bin gegen *law and order,* aber ich mag's gern aufgeräumt.«
Er fing an, Koffer und Reisetaschen aus dem Schrank zu holen und seine Sachen einzupacken. Gegen zwei Uhr morgens ist er des Packens müde und legt eine Videokassette in den Recorder. Er guckt sich noch zwei Filme hintereinander an.
Als er endlich zu Bett geht, erwacht das Tal allmählich. In der Anthrazitfarbe des Morgens wirken die schneebedeckten spitzen Giebel der Häuser unten wie hingespuckte Cornflakes. FALCO überlegt einen Augenblick, ob er es sich schon erlauben kann, Isabella im Krankenhaus in Wien anzurufen und mit ihr ein Schwätzchen zu halten. Aber dann beschließt er, daß es um diese Zeit besser ist, den Anruf sein zu lassen. Und dann denkt der Mann, der die Rock-Musik der 80er Jahre umkrempelte, der mit seiner Art von Musik im Handumdrehen die Charts in Deutschland, Österreich, Holland, Japan, Israel, der Schweiz und Großbritannien eroberte und der in den USA in einem Jahr mehr Platten verkaufte, als je ein anderer deutschsprachiger Sänger zuvor, daran, daß er

am folgenden Tag zum ersten Mal versuchen wollte, sein Baby zu wickeln.
Außer ein paar engen Freunden und den Eltern wußte noch niemand, daß das Baby da war. FALCO fürchtete ein wenig den Rummel, der spätestens am Sonntag, bei der offiziellen Bekanntgabe, einsetzen würde. Aus Los Angeles war ein Musik-Redakteur der »Times« nach Wien geflogen, die Londoner »Sun« hatte zwei Reporter geschickt, und das amerikanische Klatschmagazin »people« war ebenfalls vertreten. Dazu kamen noch die Fernsehreporter und die Fotografen und Journalisten der deutschsprachigen Zeitungen und Magazine. Es würde ein Höllenspektakel werden, dachte FALCO, bevor er einschlief. Aber ehe es soweit war, würden die paar Leute, die Bescheid wußten, dichthalten. Eine Weile gehörte ihm seine Tochter noch ganz allein.

1. Kapitel

*Dreh dich nicht um —
oh, oh, oh
Der Kommissar geht um —
oh, oh, oh
Es steht geschrieben
Und was Wahres hat
es schon
Der Dumme lebt sich tot
Nur mit Hirn kommst
du davon, ja ja
Willst du Vaters Lob
Sein Auto
Dazu Sprit
Dann mach in der Schule
mit*

1

Nichts wünschte sich Maria Hölzel so sehr wie dieses Baby.
Aber es hatte lange Zeit ganz den Anschein, als würde sie es nicht bekommen können. »Mir ist es«, sagte Maria Hölzel, »vom vierten, fünften Tag der Schwangerschaft an schon furchtbar schlecht ergangen. Mir war immer schrecklich übel, und ich hatte ziemliche Schmerzen.«
Damals arbeitete sie als Geschäftsführerin einer Filiale der »Habsburger«-Wäscherei im 14. Bezirk in Wien. All die hochfliegenden Karriere-Pläne ihres Mannes Alois Hölzel, platzten in den Kriegsjahren wie eine Seifenblase. Als Kind kam er zur Hitlerjugend und als Halbwüchsiger, nicht mehr als 15 Jahre alt, bekam er für die letzten Kriegstage eine Waffe in die Hand gedrückt, um – gemeinsam mit anderen Halbwüchsigen – als letztes Aufgebot Deutschland zu verteidigen. Danach blieb keine Zeit für Schule und Studium; Alois Hölzel erwies sich zwar als technisch äußerst begabt, aber seine Eltern starben Ende der 40er Jahre, und er mußte danach trachten, möglichst schnell Geld zu verdienen.
Er machte eine Schlosserlehre und arbeitete sich mit verbissenem Abendstudium bis zum Werksmeister einer Maschinenfabrik empor. Marie Hölzel unterstützte ihn dabei.
Die Arbeit in der Wäscherei war für die schwangere Frau viel zu anstrengend, sie mußte sie aufgeben. »In den ersten Monaten nahm ich vier Kilogramm ab, es ging mir wirklich schlecht.« Maria und Alois Hölzel wohnten in einer etwa 70 Quadratmeter großen Mietwohnung in der Ziegelofengasse im 5. Bezirk. Dieser Bezirk – Margareten – umfaßt eine

Fläche von 203 Hektar, und zu dem damaligen Zeitpunkt war er mit nahezu 70 000 Bewohnern eines der dichtestbesiedelten Gebiete der Millionenstadt Wien.

Das Haus, in dem Alois und Maria Hölzel Mitte der 50er Jahre wohnten, ist inzwischen längst abgerissen und durch ein neues, höheres Haus ersetzt worden. »Wir hatten damals eine Küche, ein Schlafzimmer und zwei Kabinette. Es gab kein Bad in der Wohnung, aber mein Mann ließ eine Duschkabine neben der Küche installieren«, sagte Maria Hölzel.

Margareten war zu jener Zeit ein bürgerlicher Bezirk, der einerseits vom Gürtel, andererseits von der Favoritenstraße und der Wienzeile begrenzt wird.

Im September 1956 wurde Maria Hölzel mit einem Blutsturz in die Frauenklinik Gersthof eingeliefert. »Ich war im dritten Schwangerschaftsmonat, und es ging ganz schnell.« Die Ärzte stellten fest, daß Maria Hölzel mit Zwillingen schwanger gewesen war. »Ich war natürlich sehr deprimiert. Ich hatte mich so auf das Kind gefreut, und dann auch noch Zwillinge. Ultraschall-Untersuchungen wie heute kannte man 1956 noch nicht, und am Anfang der Schwangerschaft wußte mein Arzt nichts von den zu erwartenden Zwillingen.«

Der Arzt in der Klinik riet Maria Hölzel allerdings, noch einen Tag zur Beobachtung im Krankenhaus zu bleiben.

Am nächsten Tag wurde sie von einem anderen Arzt untersucht, der sie danach beruhigte: »Ihrem Kind geht es gut, Frau Hölzel, man kann deutlich die Herztöne hören.«

»Aber sagen sie einmal . . .«, Maria Hölzel war völlig konsterniert, »Sie müssen sich irren, ich habe mein Baby gestern *verloren*.«

Und dann stellte sich heraus, daß es Drillinge gewesen waren, die sie erwartete. Und ein Baby wuchs weiter in ihrem Leib.

»Für mich war es klar, daß ich alles tun würde, um dieses Kind zu behalten. In gewisser Weise wußte ich schon zu dem

Zeitpunkt, daß ich kein Kind mehr haben wollte außer diesem.«
Die Ärzte warnten Maria Hölzel vor Komplikationen. Am 5. März 1957 sollte – nach Berechnung des Gynäkologen – das Baby zur Welt kommen. »Aber trotz aller Ruhe, die ich mir selbst auferlegte, schien es im November schon zu einer Frühgeburt zu kommen. Ich kam wieder ins Krankenhaus und mußte tagelang völlig bewegungslos liegen.«
Für Maria Hölzel geschah ein kleines Wunder: »Ich bat die Ärzte, mir keine Spritzen zu geben. Ich wollte einfach der Natur ihren Lauf lassen. Und verblüffenderweise erlitten die Frauen in meinem Krankenzimmer, die eine Spritze bekommen hatten, eine Frühgeburt.« Bei Maria Hölzel ging es gut bis zum 19. Februar. Es war ein Dienstag, es war fünf Grad kalt und ziemlich windig. »Um sieben Uhr früh gingen die Wehen los.« Da man mit allerlei Problemen rechnete, wurde in der Klinik der Operationssaal für Maria Hölzel gerichtet.
»Wir warten bis um dreizehn Uhr«, sagte ihr der Arzt, »wenn es bis dahin nicht da ist, machen wir einen Kaiserschnitt.«
Irgendwann im Laufe des Vormittags sagte Maria Hölzel zu ihrem Mann: »Wenn es ein Mädchen wird, dann soll es Brigitte heißen, und wenn es ein Junge wird, dann Johann.«
Es war ein Johann, der um 13 Uhr 15 das Licht der Welt erblickte. »Er brüllte vom ersten Moment an sehr laut. Die Hebamme reichte mir das Kind mit den Worten, ›Hier Frau Hölzel, da haben Sie Ihren Sängerknaben.‹ Er war ein süßes Kind, sehr vital und ziemlich schwer, er wog 4,95 Kilo bei der Geburt, und er war 54 Zentimeter groß.« Am ersten Tag noch ließ Alois Hölzel im Krankenhaus ein Foto von seinem neugeborenen Jungen anfertigen. Nach den ganzen Aufregungen und Schrecken der letzten Monate waren sie auf ihr strammes Baby besonders stolz.
Viele Jahre später erzählte Maria Hölzel ihrem Sohn davon, daß er der einzige Überlebende von Drillingen war. »Und er sagte mir darauf: ›Es ist merkwürdig, Mama, aber manchmal

verspüre ich ein Gefühl, als ob die anderen bei mir wären, wie wenn noch einer da wäre, der mir hilft und sagt, dieses und jenes mußt du so und so machen.‹ Ich weiß nicht, ob er das wirklich ernst gemeint hat, damals, aber ich denke schon, daß er so fühlt.«

Johann Hölzel wuchs zu einem prächtigen Baby heran. »Einmal hat er in einer einzigen Woche ein ganzes Kilogramm zugenommen. Aber er schrie und brüllte in einem fort, und eines Tages fuhr ich mit ihm zum Kinderarzt und sagte: »Der Junge plärrt die ganze Zeit so laut, er muß krank sein.« Aber der Arzt beruhigte mich nach der Untersuchung. ›Er ist kerngesund. Und wenn ein Baby so stramm zunimmt, ist es sicherlich nicht krank.‹

Früh fiel Maria Hölzel das musische Empfinden ihres Sohnes auf. »Er hat wirklich alle Töne angeschlagen. Ich weiß noch, er war acht Monate alt und konnte noch nicht laufen, da krabbelte er jedesmal, wenn im Radio das Lied ›Anneliese, wann wirst du endlich einmal gescheiter‹, ein Schlager damals, gespielt wurde, hoch, hielt sich mit einer Hand an den Gitterstäben fest und versuchte mit der anderen Hand zu dirigieren. Und dann hat er noch im Takt dazu gekiekst.«

Wenn die Eltern später mit ihm am Wochenende ins Grüne fuhren, verschwand er immer und rannte dorthin, wo gerade Musik erklang. »Wir waren oftmals in Purkersdorf, am westlichen Stadtrand von Wien. In den 50er Jahren gab es in vielen Orten noch betonierte Tanzflächen unter freiem Himmel, mit Lauben rundum. So auch in Purkersdorf. Und ich ertappte ihn oftmals dabei, wie der kleine Klecks ganz allein auf dem Tanzboden stand und zur Lautsprechermusik dirigierte. Nur wenn er merkte, daß ich ihn beobachtete, wurde er wütend. Das wollte er nicht.«

In der Tat beherrschte das unverkennbare musische Empfinden die frühe Kindheit von Hans Hölzel. Zu seinem vierten Geburtstag wünschte er sich ein kleines Akkordeon. »Wir haben ihm aber ein Klavier gekauft. Mit dem Akkordeon

Hans Hölzel mit 3 Jahren

hätte es Probleme gegeben, weil er praktisch jedes Jahr ein neues, größeres Instrument benötigt hätte und mein Mann meinte, wenn einer Klavier spielen kann, lernt er das Akkordeonspiel ganz rasch.«
Die angeborene Sensibilität für die Musik wird so auffällig, daß sich die Eltern oft darüber Gedanken machen, woher der Junge das Talent wohl habe. Maria Hölzel: »Ich glaube nicht, daß es in der Familie liegt, obwohl mein Mann ganz musikalisch ist und ich recht gut singen kann. Früher hätte ich für einen ganzen Chor die zweite Stimme singen können, ich habe sehr gern getanzt und hatte ein ganz gutes Gehör, aber mein Mann und ich waren beide längst nicht so musikbegabt wie Hans.«
Als das Klavier angeschafft war, sahen sich die Eltern nach

einer entsprechenden Lehrerin für ihren Sohn um. Sie fanden sie in der Pädagogin Dr. Maria Bodem, einer vornehmen älteren Dame, die in ihrer ausladenden Altbauwohnung in der Fillgradergasse, nur eine kurze Wegstrecke von der Ziegelofengasse entfernt, unterrichtete.
Auf diese Zeiten gehen auch die ersten konkreten Erinnerungen FALCOS zurück: »Die Frau Dr. Bodem war eine sehr nette Dame, vielleicht lebt sie heute sogar noch. Ich entsinne mich noch, wie ich immer an der Hand meiner Großmutter in dieses wunderschöne Jugendstilhaus geleitet wurde. Es war ein verführerisches Flair von Wohlstand und Ruhe, das diese Stunden begleitete. Sicherlich war es für meine Mutter auch ein Ausdruck der Grenzüberschreitung aus den kleinbürgerlichen Schichten in den Mittelstand; *man* schickte seine Söhne in den Klavierunterricht und brachte ihnen Englisch bei, noch bevor sie die erste Schulklasse besuchten.«
Hans Hölzels frühe Kindheit verlief in geordneten Verhältnissen. Weil sie ihren Sohn nicht allzu lange allein lassen wollten, die Hölzels aber dringend Geld brauchten, übernahm Maria Hölzel einen Kaufmannsladen in der Ziegelofengasse. Sie verabscheute alles Gewöhnliche, und Hans wuchs unter peinlich genauer Beachtung seiner Manieren und seines Auftretens auf. Für Maria Hölzel waren die ermunternden Worte der Klavierlehrerin ein Labsal: »Er kam kaum auf den Klavierschemel, aber er hat Talent«, erzählt Maria Hölzel über das erste Lob der Lehrerin, und: »Ich glaube, sagte die Lehrerin, er hat besonders für Beethoven ein Gehör.«
Innerhalb kurzer Zeit hatte er eine ganze Reihe von Musikstücken intus. Er konnte zwar keine einzige Note lesen, doch »mit fünf Jahren spielte er bereits 35 Schlager zweihändig«, erinnert sich Maria Hölzel.
Maria Hölzel muß sehr stolz auf ihn gewesen sein: »Wir haben ihn einmal zum Vorspielen an der Akademie für

Musik angemeldet. Der Professor brachte ihn auf dem Arm heraus und sagte mir: ›Sie, Frau Hölzel, das ist ein kleiner Mozart.‹ Er betonte, er hätte solch ein absolutes Gehör in seiner Laufbahn noch nie erlebt, und er würde dringend darauf pochen, das Kind weiter ausbilden zu lassen.«
Einmal, Hans Hölzel ging noch nicht zu Schule, hörte die Mutter, als sie für eine Mittagspause heimkam, ihren Jungen Klavier spielen. »Er spielte ganz toll den Schlager ›Was ist los mit der Frau?‹. Den hatte er am Vormittag gehört und ihn sich selbst beigebracht, er wollte mich damit überraschen. Es war wirklich faszinierend, er hörte Musik und konnte sie sofort nachspielen.«
Später einmal wollte ihm ein gewisser Herr Wagner, ein Klavierlehrer, der bei Hölzels um die Ecke wohnte, das Spiel nach Noten beibringen. FALCO sagt heute noch: »Ich habe es gehaßt. Ich hatte damals ›A Hard Days' Night‹ im Kopf und sollte die Cerny-Schule und Chopin-Preluden nach dem Metronom herunterspielen, es war schrecklich.«
Im Rückblick auf die Kinderjahre meint er heute: »Es gibt Rabauken und es gibt Kriecher. Ich war weder das eine noch das andere. Ich war stur und ungezogen, aber ich rannte andererseits auch nicht mit den Jungs im Park herum, um auf Bäume zu klettern oder mit dem Fahrrad auf selbstgebauten Sprungschanzen herumzutollen. Das war mir zu dumm, das hat mich nicht interessiert.
Wenn ich jetzt behauptete, ich wäre stets ein Einzelgänger gewesen, ist das nicht richtig. Aber zeit meines Lebens war die Musik eine Art Regulativ für mich. Ich war nie in Cliquen, und ich war schon gar nicht Anführer eine Clique oder einer Bande. In der Volksschule sind mir meine Mitschüler bereits unglaublich unreif und dumm vorgekommen. Sie schlugen sich, sie warfen mit Steinen aufeinander, und ich sah in dem keinen rechten Sinn. In gewisser Weise war ich wahrscheinlich damals schon ein Außenseiter, und ich fühlte es deutlich, ich konnte mit meiner Welt so lange gut auskommen,

wie ich ruhig war und zurückgezogen und es auf keine Konfrontation ankommen ließ. Ich war wirklich lange Jahre sehr verinnerlicht.«

Hans Hölzel wünschte sich damals sehnlichst ein Tier. »Er wollte einen Hund oder eine Katze«, erzählt Maria Hölzel, er beschwor mich und versprach, daß er sich immer um das Tier kümmern würde. Er sagte: ›Mutter, der Hund könnte ja in unserer Badekabine schlafen, da würde er dich nicht stören.‹ Aber ich war immer dagegen, ich bin der Meinung, ein Tier braucht Auslauf, das leidet in einer Wohnung. Und ich sagte es ihm auch. Aber ich glaube, er hat es nie recht überwunden, kein Tier bekommen zu haben.«

Die Großeltern väterlicherseits waren bereits tot, als FALCO zur Welt kam. Zur Mutter seiner Mutter jedoch entwickelte er eine besonders innige, liebevolle Beziehung. Wenn Maria Hölzel in ihrem Laden beschäftigt war, kümmerte sich die Großmutter um den kleinen Jungen. Die Familie stammte aus Bad Tatzmannsdorf, einem namhaften Kurort im Burgenland, und FALCOS Großmutter besaß noch ein Haus da, als er sechs Jahre alt war.

»Ich verbrachte viele Jahre lang den Sommer in Bad Tatzmannsdorf, und es sind tolle, aufregende Erinnerungen. Das Haus stand direkt am Hauptplatz. Ich konnte meine Großmutter damals überreden, mir einen Eumig-Plattenspieler zu kaufen. Ich war wirklich selig. Der Plattenspieler stand am Fenster, die anderen Kinder versammelten sich darum herum, weil die meisten von ihnen keinen solchen Apparat daheim hatten, und den ganzen Tag über dröhnten Elvis Presley, Cliff Richard und auch schon die ersten Nummern der Beatles, wie ›Love Me Do‹ und ›Please Please Me‹, und dann später die Stones, die Bee Gees, Beach Boys, alles quer durch den Rosengarten.«

Sein größtes Ereignis im September 1963 war natürlich die Einschulung in der Volksschule der Piaristen, einer sehr angesehenen katholischen Privatschule in der Ziegelofen-

gasse, nur wenige Schritte vom Wohnhaus der Familie Hölzel entfernt. Es gibt damals auch Überlegungen, ob man den musikbegeisterten Jungen nicht bei den Sängerknaben unterbringen sollte, um ihm dort eine solide Musikkarriere zu gewährleisten. Aber schließlich sperrte sich Maria Hölzel, die ihren Hans über alles liebt, gegen den Gedanken: »Mein Mann und ich arbeiteten, und ich hatte ohnedies wenig von meinem Sohn. Wenn er noch ins Internat gekommen wäre, hätte ich gar nichts von ihm gehabt.«
Bei den Piaristen gibt es ein Halbinternat, und damit schien es gesichert, daß Hans so lange gut untergebracht war, bis Maria Hölzel nach Geschäftsschluß Zeit für ihn fand.
Zur Weihnachtsfeier – Hans Hölzel war gerade sechseinhalb Jahre alt – suchte man in der Schule Kinder, die ein Instrument beherrschten. FALCO meldete sich zögernd, durfte vorspielen und war der Star dieser kleinen, improvisierten Feier. Es war, damals zu Weihnachten 1963, während sich in Liverpool gerade John Lennon, Paul McCartney, George Harrison und Ringo Starr daran machten, mit ihrer Musik völlig neue Akzente zu setzen, der erste richtige, große Auftritt von FALCO vor einem größeren Publikum.
Maria Hölzel: »Ich war natürlich auch zu der Feier eingeladen, aber ich konnte meinen Laden nicht schließen, und deshalb ging nur meine Mutter hin. Als sie nach Hause kam, war sie ganz aus dem Häuschen. Die Leute hatten getobt vor Begeisterung, wie der Kleine Klavier spielte. Der Höhepunkt war dann, als er den ›Donauwalzer‹ intonierte.«
Von diesem Moment an galt Hans Hölzel auch in der Schule als eine Art musikalisches Wunderkind. Wann immer eine Feierlichkeit ins Haus stand, wurde er ans Klavier gebeten. Dieses Aufhebens um sein Spiel und das damit verbundene Begaffen seiner Person ärgerte FALCO mit der Zeit. »Wenn Besuch zu uns kam«, erzählt Maria Hölzel, »wollten die Leute natürlich den Jungen spielen hören. Und wenn er wußte, daß sich Gäste angesagt hatten, verdrückte er sich

schon vorher oder er beschwor mich und sagte, ich solle ihn doch einmal in Ruhe lassen. Er ließ sich höchstens dazu animieren, ein Lied zu spielen, dann war Schluß.«
Zwei Anekdoten aus dieser Zeit sind Maria Hölzel in Erinnerung: »Einmal kam seine Tante mit ihrer Gitarre und sagte, sie würde ihn begleiten, er solle nur mal anfangen, Klavier zu spielen. Und Hans, der von der Kunst seiner Tante offenbar nicht viel hielt, sah sie strafend an und erwiderte: ›Laß mich nur machen, du kannst dann die Pausen spielen.‹ Und ein anderes Mal bat ihn ein Onkel, doch ein wenig vorzuspielen. Und Hans machte es wie immer, er spielte ein Lied, stand auf und ging. Der Onkel steckte im daraufhin 50 Schilling zu. Nachher sagte Hans zu mir: ›Wenn ich gewußt hätte, daß ich *so viel* Geld kriege, hätte ich schon noch mehr gespielt.‹
Hans Hölzel hatte schon als Junge einen ausgeprägten Gerechtigkeitssinn und fürchtete nichts und niemand, wenn er sich ungerecht behandelt fühlte. Als im seine Klavierlehrerin einmal streng und liebevoll auf die Finger klopft, weil er einen Melodienlauf überhastet gespielt hat, schlägt er kurzentschlossen zurück. Aber solche Zwischenfälle konnten das gute Verhältnis zwischen der Lehrerin und Hans nicht trüben. Sie sagte immer wieder zu Maria Hölzel: »Es macht einfach Spaß, ihn zu unterrichten, er hat das absolute Gehör.«

2

Falco verbrachte seine ersten Jahre in der Obhut von Frauen. Da waren seine Mutter, die ihn abgöttisch liebte, seine Großmutter und eine Nachbarin, die ihn ins Herz geschlossen hatte. »Hans«, sagte seine Mutter, »verstand damals ganz gut, seine Großmutter und die Nachbarin, die er ›Schlintzi‹ nannte, gegeneinander auszuspielen. Und so setzte er stets seinen Kopf durch. Was ihm die eine nicht gestattete, erlaubte ihm die andere, sobald er sich beklagte.« Die beiden alten Damen buhlten regelrecht um die Liebe des Jungen mit den dunklen, ausdrucksvollen Augen. »Bei uns waren stets alle Türen offen, und Hans konnte in die Wohnungen gehen. Das nutzte er auch kräftig aus. 1963 bezog meine Mutter, also seine Großmutter, eine kleine Wohnung gegenüber der unseren, und zwar über dem Gasthaus ›Altes Faßl‹. Er war dann häufig bei ihr.«
Die Zeit damals, Anfang der 60er Jahre, war die Zeit des Rock'n Roll, die Morgendämmerung einer Studentenbewegung zu neuer Freiheit, die Zeit des Petticoat und, beinahe im Widerspruch zu der rhythmischen, neuen Musik aus England und den USA, eine Zeit romantischer deutscher Schmachtfetzen. »Die Platten, die meine Eltern daheim sammelten«, sagt Falco, »waren schrecklich. Oberkrainer und ähnliches, das einzige aus der Plattensammlung meines Vaters, das mir in guter Erinnerung geblieben ist, waren die Platten der Spitzbuben, also humorvolle, manchmal recht derbe Kabarettdarbietungen. Ansonsten konnte ich mit der Musik, die meine Eltern mochten, nichts anfangen. Mein Vater spielte ganz gut Ziehharmonika, aber sein Musikge-

schmack war von meinem eine Ewigkeit weit entfernt.«
Die Eltern waren klug genug, ihren Sohn nicht künstlerisch in eine bestimmte Richtung drängen zu wollen. Sie ließen ihm die Freiheit, seine Beatles- oder Presley-Platten zu hören. »Nur einmal war ich stinksauer, als ich von einer Tante zu meinem Geburtstag Geld für eine Musikkassette bekam und meine Mutter unbedingt mit mir in den Laden gehen wollte, um die Kassette zu kaufen. Sie bestand darauf, eine Kassette von Roy Black zu erstehen, weil ihr seine Lieder, insbesondere ›Ganz in Weiß‹, das damals ein großer Schlager war, so sehr gefielen. Ich war noch recht klein, aber ich weiß, daß ich heftig protestiert habe. Und meine Mutter sagte: ›Na, wir wollen auch einmal etwas kaufen, was *mir* gefällt.‹ Das machte mich ziemlich heiß.
Grundsätzlich hat mich die Schnulzenmusik der Jahre aber kaltgelassen, eine gewisse Reaktion darauf kann man heute nur daraus erkennen, daß sich bei meinen Texten sicherlich nie *Hiebe* auf *Liebe* reimen wird und schon gar nicht *Herz* auf *Schmerz*.«
Beim Essen langte Hans kräftig zu, seine Leibgerichte waren Erbsen, Karotten, Wiener Schnitzel mit Kartoffelsalat und Backhendl. »Leber mochte er überhaupt nicht, nur Leberknödel«, berichtet seine Mutter. »Ich sagte ihm: ›Hör mal, das ist doch hirnverbrannt. Entweder du magst keine Leber, dann ißt du auch keine Leberknödel, oder du magst sie. Leber wäre so gesund für dich. Aber er ließ sich nicht überreden, und wann immer es Leber bei uns gab, blieb sein Teller unberührt.«
Nach einem Italienurlaub hatte er ein neues Leibgericht entdeckt: »Da stopfte er sich dauernd mit Spaghetti und Pasta asciutta voll. Wenn er vom Halbinternat heimkam, raste er in meinen Laden und verlangte nach Wurstsemmeln, die er hastig verschlang.«
Bei all dem Appetit machte sich Maria Hölzel Sorgen, als Hans mit acht Jahren abmagerte. Er war eigentlich nie

ernsthaft krank gewesen, und bis auf ein paar Erkältungen konnten ihm auch die üblichen Kinderkrankheiten nichts anhaben. Einmal bat der Lehrer von Hans, Anton Frei, Maria Hölzel zu sich.
»Sagen Sie einmal, Frau Hölzel, was führen Sie eigentlich für eine Superküche?«
»Superküche? Ich verstehe Sie nicht recht. Wie meinen Sie das?«
»Na, wissen Sie denn nicht, daß Ihr Hans bei uns zu mittag keinen Bissen anrührt? Wir haben Kinder, die mögen die eine oder andere Speise nicht, aber Hans ißt gar nichts, er sagt nur, daß es zu Hause um so viel besser schmecke, deshalb wollte ich wissen, was Sie für eine Superküche haben.«
Hans Hölzel: »Ich hatte zu der Zeit wirklich eine tolle Figur, ich, der ich schon als Kind ein wenig zum Dicksein neigte, hatte plötzlich Untergewicht. Das Essen, das uns in der Privatschule vorgesetzt wurde, war einfach ungenießbar, und bis auf ein paar Löffel Suppe habe ich wirklich alles zurückgeschickt. Es kam von den WÖK, den ›Wiener öffentlichen Küchen‹ und eine Speise schmeckte wie die andere«, FALCO beklagte sich zwar nie über das Essen, er nahm es hin und war in gewissem Sinne froh, wenigstens abzunehmen.
Maria Hölzel: »Wenn mir nicht Herr Frei alles erzählt hätte, hätte ich nicht gewußt, weshalb Hans so abnahm. Wenn ich ihn fragte, was es zu mittag gegeben hätte, hat er immer etwas gemurmelt und mir etwas von einer Suppe erzählt. Das war's.«
Abends hörte Hans viel Musik, er hatte einen Kassettenrecorder und ein Radio, und wenn er sich damit beschäftigte, war er für die Umwelt nicht erreichbar.
Sein Vater, der es geschafft hatte, Betriebsleiter in einer Firma für Blechbearbeitungsmaschinen zu werden, und der damit spekulierte, sich selbständig zu machen, war häufig weg. Die Ehe der Eltern war damals noch nicht ausgespro-

chen schlecht, aber auch nicht gerade harmonisch. »Wir hatten nie Streit«, erinnert sich Maria Hölzel, »und mein Mann hat sich daheim nie anmerken lassen, daß er eine andere Frau liebte und mich betrog.«
FALCO bekam wenig Taschengeld. »Mein Vater setzte da auf andere Methoden, er versuchte mich für gute Noten zu bezahlen. Als ich noch zur Volksschule ging, hatten beinahe alle aus meiner Klasse ein Zeugnis mit lauter Einsen. Und er sagte: ›Wenn du auch lauter Einsen heimbringst, gebe ich dir 100 Schilling. Und wenn es nur eine Zwei ist, dann kriegst du 50 Schilling.‹ Ich fand diese Art der Bestechung schon damals dumm, und ich würde heute nie so etwas bei meiner Tochter tun. Aber man muß andererseits auch bedenken, daß unsere Eltern aus einem ganz anderen Grund zu solchen Handlungen getrieben wurden. Geld war etwas Glorioses, danach trachtete man mit all seinen Sinnen.«
Hans durchschaute ziemlich bald den Ablauf in der Schule und akzeptierte die Gegebenheiten. Er lernte fast nie, dennoch kam er gut mit und hatte zum Teil hervorragende Zensuren. »Ich hatte nie eine Schultasche dabei, alle meine Bücher und Hefte blieben im Schulfach, ich haßte es, Vokabeln zu pauken und unsinnige Lehrsätze herunterzuleiern. Was half es mir, daß ich wußte, daß A-Quadrat plus B-Quadrat C-Quadrat ergibt? Ich wollte das alles gar nicht wissen.«
Er versuchte schon zu dieser frühen Zeit nie, Vorbild oder Anführer zu sein, aber er strahlte offenbar eine Aura aus, die ihn zu etwas Besonderem machte. »Die anderen haben mich mit Zurückhaltung und einer gewissen Scheu behandelt, auch wenn ich nicht der Stärkste in der Klasse war. Ich akzeptierte keine Hierarchie, und wahrscheinlich brachte mir das den meisten Respekt ein. Ich glaube, die dachten damals: Wir wissen zwar nicht, was wir von ihm halten sollen, aber wir können uns doch nicht alles mit ihm erlauben, denn irgend was hat er wohl drauf.«

Es war eine verwirrende Widersprüchlichkeit in ihm, eine Mischung aus Zügellosigkeit und Ehrbarkeit, aus Rebellion und Wohlbehütetsein. »Es war ein steter Traum von der Freiheit, ich war frustriert, und ich selbst schien immer viel älter zu sein, als ich tatsächlich war. Fußballspielen hat mir nie besonders viel gegeben, nicht halb soviel wie den anderen. Meine Faszination lag anderswo – ich legte die Nadel auf eine Platte und dann kam etwas, was ich gar nicht verstand, weil ich nicht genug Englisch sprach, aber es versetzte mich trotzdem in eine ganz andere Welt.«
Hans war damals häufig mit seiner Cousine zusammen. »Ich behandelte sie zu der Zeit wie einen Jungen. Bis zu meinem 14. Lebensjahr war ich im Verhältnis zum anderen Geschlecht ziemlich naiv. Mit meiner Cousine verstand ich mich, wir hatten viele gemeinsame Interessen.« Streit gab es häufig wegen ihrer Schlampigkeit. Maria Hölzel: »Hans war schon als Kind pedantisch. Er war nicht wie andere Jungen in seinem Alter, die abends die Kleider auszogen und einfach liegenließen, sondern er stellte seine Hausschuhe akkurat neben das Bett und hängte die Hose über eine Stuhllehne. Das hat er sich bis heute nicht abgewöhnt, er würde noch heute die Wohnung nicht verlassen, wenn irgendwo etwas herumliegt.
Einmal war ich bei ihm und stellte meine Handtasche achtlos auf sein Klavier. Da bat er mich, die Tasche wegzustellen, weil ihn das störe. Er hat sich auch immer mit Mädchen zerstritten, die nicht so ordentlich waren wie er.
Ich glaube, diesen Wesenszug hat er von mir. Früher bin ich nicht aus dem Haus gegangen, ohne vorher geputzt zu haben. Heute ist das zwar nicht mehr so schlimm, aber ich weiß noch auf Anhieb, welcher Gegenstand in welcher Schublade liegt. Ich habe für alles einen Platz. Ich sage immer, Ordnung zu machen ist keine Kunst, Ordnung zu halten ist eine.«
Außer mit seiner Cousine spielte Falco als Kind meist mit

zwei Jungen aus dem Nachbarhaus. Der eine, Peter Watzlawick, wohnte mit seinem Bruder und den Eltern in dem angrenzenden Haus in der Parallelstraße zur Ziegelofengasse, in der Straußengasse 4. Die beiden Jungen gingen täglich gemeinsam zu Schule, und Peter Watzlawick holte Hans am Morgen ab. Einmal stand er ohne Schultasche vor der Tür. Maria Hölzel öffnete. »Wo hast du denn deine Schultasche?« »Ach, die ist schon in der Schule. Ich war nämlich bei der Morgenandacht und hab' die Tasche dagelassen. Aber ich dachte, wenn ich den Hans jetzt nicht abhole, wartet er umsonst.« Maria Hölzel war damals sehr gerührt: »Da ist der Junge extra den Weg von der Schule zweimal gelaufen, um Hans nicht warten zu lassen. Ich sagte dann zu Hans: Siehst du, daß ist ein *richtiger* Freund.«

Als Hans die Volksschule verläßt, wird er im Rainer-Gymnasium eingeschult, er besteht die Aufnahmeprüfung, die damals noch vorgeschrieben war, problemlos. Auch sein Freund Peter Watzlawick geht in dasselbe Institut. »Ich war«, entsinnt sich Hans Hölzel, »in bezug auf Freundschaften vielleicht oberflächlicher als die anderen. Ich habe das nie so recht ernstgenommen.«

Der andere Freund von Hans war Raul Müller. »Das war ein absoluter Outsider, der sich daran delektiert hat, wie ich, ohne nach links oder rechts zu schauen, durchs Leben ging. Ich habe mich um nicht viel gekümmert, und das imponierte ihm. In gewissem Sinne verband uns eine Weile eine beinahe brüderliche Freundschaft.«

Der Sport war für Hans unwichtig. Er ging gern schwimmen, andere Sportarten begeisterten ihn überhaupt nicht. »Ich habe ihm sogar für den Skikurs eine teure Ausrüstung gekauft, aber die hat er kaum angerührt«, meinte Maria Hölzel. »Die Musik war sein alles, und ich akzeptierte das. Ich wollte ihn zu nichts zwingen, was ihm keinen Spaß machte.«

Wenn er mit seinen Freunden in die Innenstadt ging, konnte

er einen Stil der neuen Zeit kennenlernen. In Kneipen wie der Palette beim Künstlerhaus oder dem 12-Apostel-Keller am Lugeck, saßen langhaarige, verwegen ausssehende Typen herum, die Frieden predigten und den Krieg, im speziellen den Vietnam-Krieg, verdammten. Im Festsaal des Porr-Hauses, dem inzwischen niedergerissenen Gewerkschaftsgebäude, traten Joan Baez und Peter Seeger auf und sangen »We Shall Overcome«. Dazu gab es überall die Musik der aufregenden neuen wilden Bands, es gab die Troggs, die Tremeloes, Casey Jones, die Marmelades und natürlich die Wegbereiter der Pop-Musik, die Rolling Stones und FALCOS Heroen, die Beatles.

Man trug enge Jeans und bunte Hemden, hatte lange Koteletten und lange Haare. »Mit elf Jahren trug Hans sein Haar extrem lang«, erinnert sich Maria Hölzel. »Mir gefiel das gar nicht, und wenn der Junge auch sonst soviel Wert auf Ordnung und Sauberkeit legte, sah er damit in meinen Augen ungepflegt aus. Auch wenn er das Haar jeden Abend wusch. Mit sanfter Gewalt zwang ich ihn eines Tages dazu, mit mir zum Friseur zu gehen. Er wehrte sich zwar ein wenig und sagte, die anderen Jungen trügen auch ihr Haar so lang, aber er war nicht *richtig* dagegen, es abschneiden zu lassen. Bildete ich mir ein.

Als wir dann nach Hause kamen, fing er an zu weinen. Ich begriff ganz allmählich, wie sehr ich ihn getroffen haben mußte, als ich verlangte, daß er sich die Haare abschneiden ließ. In der Schule machten sich am anderen Tag alle lustig über ihn, sogar sein Lehrer. Er war lange Zeit ziemlich deprimiert deswegen, und einmal redete ich ganz offen mit ihm darüber. ›Wenn dir das Haareschneiden solche Qualen bereitete‹, sagte ich, ›weshalb hast du dich nicht *richtig* dagegen gewehrt?‹ Und er antwortete: ›Ich hätte auch nichts gesagt, selbst wenn du mir eine Glatze hättest schneiden lassen, Mutti.‹ Ich dachte dann, daß ich so etwas nie mehr tun würde. Und offenbar war es auch den Lehrern einerlei, wenn ein Schüler so lange Haare hatte, sonst hätten sie sich nicht auch noch über seinen geschorenen Kopf lustiggemacht. Er durfte die Haare von nun an so lang tragen, wie er wollte.«

Maria Hölzel sagte weiter: »Hans war ein problemloses Kind. Es hat fast nie Schwierigkeiten mit ihm gegeben. Er war nicht gerade zurückhaltend, aber er hat sich angepaßt. Er war ein einfach zu handhabendes, gutmütiges Kind.«

Das Rainer-Gymnasium in der Rainergasse, nur zwei Häuserzeilen von der Wohnung der Hölzels entfernt, war eine sehr angesehene, konservative Schule. »Es war ein sehr spießiges Gymnasium«, sagt Hans Hölzel. »Und wenn ich zurückdenke und meine Schulzeit mit dem vergleiche, was sich heute oft an den Schulen abspielt, also, wir waren schon ziemliche Waschlappen.«

Maria Hölzel kann sich nur an eine größere Auseinandersetzung erinnern, in die Hans verwickelt war: »Das muß im Winter 1967 gewesen sein, da machte er bei einer ausgelassenen Schneeballschlacht mit, die Schneeballschlacht sollte Folgen haben.«

Zwei Gruppen von Jungen bewarfen sich an der Wiedner Hauptstraße, einer breiten, stark befahrenen Geschäftsstraße, verbissen mit den Schneebällen, bis ein Ball die riesige Schaufensterscheibe eines Modegeschäfts traf, die in tausend Teile zersplitterte. Während die anderen Jungen das Weite suchten und davonrannten, fand Hans es nicht der Mühe wert, Fersengeld zu geben. Er blieb einfach stehen und wartete die weitere Entwicklung ab. »Und natürlich hat der Geschäftsbesitzer den Hans geschnappt und kam mit ihm zu mir«, erzählt Maria Hölzel. Am Ende mußte sie dann für die Scheibe rund 7000 Schilling, viel Geld zu der Zeit, bezahlen. »Hans war sehr gelassen, und nach dem ersten Schock nahm ich es auch mit Humor. Ich sagte mir, der Junge macht keine halben Sachen, wenn er etwas zusammenschlägt, dann gleich richtig.«

Es machte der Mutter höchstens Sorgen, daß Hans sich für nichts richtig begeistern konnte. »Außer für die Musik waren die Vorlieben immer nur zeitlich begrenzt, einmal gefiel ihm dies, einmal das. Er wollte bloß nichts Beständiges.« Deshalb verabscheute er auch die feste »beständige« Kleidung, die Maria Hölzel im ersten Jahr seines Gymnasiumbesuchs für ihn hatte anfertigen lassen: »Eine Bekannte hat ihre Kinder ähnlich gekleidet, und als ich das gesehen habe, war ich ganz begeistert und beschloß, so etwas für Hans machen zu lassen.« Das waren eine dreiviertellange Hose aus Büffelleder und eine Joppe: »Es sah sehr chic aus. Ich dachte, wenn Hans jeden Morgen ein frisches Hemd dazu anzieht, ist das doch prima. Das Anfertigen und das teure Büffelleder war eine ziemlich kostspielige Angelegenheit, aber Hans fühlte sich in der Kniebundhose und der Joppe nie wohl. Er zog die Sachen nur murrend an, und wennn ich nicht darauf bestanden hätte, hätte er sie wohl nie getragen.«

Die Unbeständigkeit in seinen Lebensformen, die ihm auch »haltbare« Kleidung so verhaßt machte, ist FALCO bis heute geblieben. »Ich bin immer noch sehr wechselhaft«, charakterisiert er sich selbst, »manchmal bin ich monatelang jeden Tag im Fitness-Center, dann tue ich wieder monatelang überhaupt nichts. Für Freunde und Bekannte gehört schon viel Verständnis dazu, hier mitzuspielen.

Mit der Kleidung ist es ähnlich abwechslungsreich wie mit meinen Stimmungen. Mal liebe ich es, für Wochen nur in Jogging-Anzügen herumzulaufen, mal bilde ich mir ein, ich müßte nur dunkle Anzüge, Schlips oder Smoking tragen. Je nachdem, wie ich mich gerade fühle.«

3

Das Jahr 1968 führt bei FALCO in vielerlei Beziehung zu einem grundlegenden Wandel seines Lebens.
Hans, still, logisch und charmant in seinem Auftreten, wird plötzlich mit der Tatsache konfrontiert, daß die heile Welt, die seine Muttter um ihn herum aufgebaut hat, über Nacht zerbrechen kann.
Zweifelsohne war die Bezugsperson in seinem Kindesleben immer die Mutter. Der Vater hielt sich ihm gegenüber eher kumpelhaft streng. Später wird FALCO klar, wie unzufrieden und unglücklich Alois Hölzel in der engen Welt der Ziegelofengasse gewesen sein muß. »Da sagte er mir dann einmal, was das für ein Loch war, in dem ich aufgewachsen sei. Schön, unsere Wohnung hatte nur 70 Quadratmeter, aber für mich war es die *Welt* gewesen!«
Eine Weile führte Alois Hölzel ein Doppelleben, er beklagte sich nie, aber er war immer seltener zu Hause. »Und dann bekam ich einen anonymen Hinweis, daß mein Mann in seiner Firma ein Verhältnis mit einer jungen Angestellten habe. Bis ich ihn zur Rede stellte, hatte er sich nichts anmerken lassen.« Soweit Maria Hölzel.
Alois Hölzel ließ seine kleine Familie im Stich. Obwohl er darauf drängte, ließ sich Maria Hölzel lange Jahre nicht scheiden. Ihr Mann zog mit der Freundin in eine andere Wohnung und wurde bald darauf erneut Vater. (Die Stiefschwester ist inzwischen 20 Jahre alt und studiert Jura. FALCO lernte sie erst vor seinem Wiener Konzert im Oktober 1985 kennen. Seither traf er sie ein paarmal und lädt sie auch immer zu seinen Auftritten ein. »Ein liebes Mädel, wir

verstehen uns ganz gut«, sagt er. Obwohl sich seine Eltern nach 22 Jahren Ehe 1979 haben scheiden lassen, kommen sie jetzt bei Familienfesten häufiger zusammen als früher. »Da hat mein Erfolg viel zur Schlichtung der Familienverhältnisse beigetragen«, sagt FALCO halb im Ernst, halb spöttisch. »Zwölf Jahre herrschte zwischen Mutter und Vater generelle Funkstille, da konnten sie sich nicht riechen. Aber inzwischen sind sie wohl zu alt, als daß sie sich wirklich noch über die Vergangenheit aufregten.« FALCO nahm seinem Vater lange Zeit übel, daß er ihn im Stich gelassen hatte. »Mein Mann sagte zwar in den ersten Jahren nach unserer Trennung immer, er kümmere sich so wenig um Hans, weil er ihn nicht verwirren und ihn mir nicht entziehen wolle, aber ich weiß nicht, ob das stimmt. Wahrscheinlich waren ihm die Auseinandersetzungen mit seiner zweiten Frau deswegen einfach zu mühsam«, sagt Maria Hölzel.)
Die Trennung seiner Eltern war zweifellos ein harter Schlag für Hans, obwohl er sich nichts davon anmerken ließ. In gewissem Sinne reagierte er jetzt doch störrischer auf Vorhaltungen als früher. Maria Hölzel versuchte allmorgendlich, Hans klarzumachen, daß der Schulbesuch für seine Zukunft wichtig sei. »Sie wollte unbedingt einen Akademiker in mir sehen, daß war ihr Traum«, sagt FALCO. Am liebsten wäre es ihr gewesen, er hätte sich für den Arztberuf entschieden: »Weil das«, sagt er, »die Häuptlinge sind, die über Leben und Tod entscheiden. Natürlich, Medizin hätte mich tatsächlich interessieren können, und ich denke, daß ich auch eine gewisse Begabung – sagen wir einmal, den *Magen* dazu – hätte. Aber wenn ich mir vorstelle, was das für ein Arbeitsaufwand ist, bei 2500 Mark Gehalt für einen Assistenzarzt! Nein, Ärzte sollten nur die Kinder von Ärzten werden, die dann gleich die Praxis von den Eltern übernehmen können.« Inzwischen hat sich Maria Hölzel damit abgefunden, daß ihr Sohn keine Akademikerlaufbahn eingeschlagen hat. »Sie freut sich jetzt über meinen Erfolg, aber das ist typisch für sie

– wäre ich Pfarrer geworden, würde sie bis zum letzten Glockenschlag in der Kirche sitzen und dann mit ihren Freundinnen hinausgehen und sagen: ›Ich habe ihn zwar nicht verstanden, aber schön war es, was er gesagt hat.‹«
Oft genug kam Maria Hölzel ihrem Sohn nunmehr bei seinen Aktionen nicht oder viel zu spät auf die Schliche. Oft ging er tagelang nicht zur Schule. Und mit elf Jahren fing er auch an, regelmäßig zu rauchen. Maria Hölzel kam ihm durch einen Zufall darauf: »Meine Mutter wohnte uns gegenüber, und mir fiel auf, wie oft Hans einfach abhaute, um zu seiner Oma zu gehen. Wir wohnten im ersten Stock, sie im zweiten Stock. Und einmal beobachtete ich, wie er am Fenster stand und paffte. Mit elf Jahren! Ich machte ihm die Hölle heiß, und er gestand mir, daß er bei meiner Mutter eine Packung Zigaretten und Zündhölzer liegen habe. Er war nicht einmal besonders schockiert, daß ich sein Geheimnis entdeckt hatte.
Am selben Abend machte ich meiner Mutter noch gewaltige Vorhaltungen, und sie gestand mir, daß Hans sie regelrecht unter Druck gesetzt hatte. Nachdem sie ihm einmal gestattete, das Rauchen zu probieren, tat er es immer wieder und sagte: ›Du bist meine Mitwisserin. Wenn du mich verrätst, dann sage ich meiner Mutter auch, daß du es mir schon gestattet hast, und das wird sie sehr böse machen.‹
1968 erwartete man in der Schule, daß sich die Kinder diszipliniert verhielten. Und Hans Hölzel fügte sich. Er schaffte es sogar, sich seinen ungeliebten burgenländischen Dialekt, der ihm die ganze Volksschulzeit über noch anhaftete, abzugewöhnen. »In Deutsch war er immer ausgezeichnet«, erzählt Maria Hölzel. »Überhaupt lagen ihm die Sprachen. Probleme bereiteten ihm Mathematik und Naturwissenschaft. Wenn eine Mathematik-Arbeit bevorstand, bekam er regelmäßig Bauchweh.«
In der Ziegelofengasse gab es damals einen Friseurladen. Der Sohn des Friseurs, ein gewisser Walter, ging ebenfalls

ins Rainer-Gymnasium, allerdings kam er schon in die 7. Klasse, als Hans in die 2. Klasse kam. Jener Walter war mehr als einmal wütend, wenn der Deutschlehrer den großen Jungen wieder einmal einen Aufsatz des kleinen Hans Hölzel als vorbildlich vorlas. Er kam dann heim und erzählte seinem Vater davon. »Und der«, so Maria Hölzel, »lief jedesmal in mein Geschäft und erzählte mir, daß wiederum eine Arbeit von Hans in der Oberstufe vorgelesen wurde. Da war ich natürlich immer mächtig stolz.«

Der Deutschlehrer, ein Dr. Adel, war im Gymnasium sehr beliebt. »Einmal sagte er mir, Hans wäre einer seiner besten Schüler, die er je in Deutsch unterrichtet hätte. Aber die Aufsätze, die Hans nach Hause brachte, hatten oft Fehler, und ich sprach Dr. Adel darauf an. Er sagte: ›Schauen Sie, Frau Hölzel, der Hans schreibt Aufsätze von sechs, sieben Seiten. Im allgemeinen schreiben die Kinder eine oder zwei Seiten. Bei der Menge, die er verfaßt, ist klar, daß mehr Fehler vorkommen können. Das sind Flüchtigkeitsfehler, da sollten Sie sich keine Gedanken machen.«

Weniger erfreulich waren die Gespräche mit den Mathematiklehrern. »Irgend etwas vergaß mein Sohn immer bei seinen Mathematik-Arbeiten. Entweder er hatte ein Resultat nicht richtig abgeschrieben, oder er hatte vergessen, einen Teil zusammenzurechnen, immer fehlte etwas. Er ging immer wieder haarscharf am Sitzenbleiben vorbei, aber die Lehrer haben ihn dann doch nie fallengelassen.«

Der Junge war intelligent und in manchen Dingen hochbegabt, aber er fing an, unkonzentriert zu arbeiten und wurde immer gleichgültiger. »Ich dachte: Warum muß ich eigentlich Latein lernen? Mir war ziemlich bald klar, daß ich weder Arzt noch Jurist werden wollte. Wozu also der Unsinn mit dem Deklinieren und Konjugieren? Es gab wichtigere Dinge. Ich spreche heute recht gut Englisch, aber ich habe Englisch nie richtig gelernt, es kam einfach so nebenbei. Inzwischen weiß ich, daß ich damals nicht den leichtesten Weg gewählt

habe, das wäre ein ganz anderer gewesen. Aber ich wählte den Weg, den ich gehen *mußte*.«
Er zog zwar jeden Morgen pünktlich los, jedoch »konnte es auch vorkommen, daß ich einfach bei einer Baustelle stehenblieb und einen Vormittag lang zusah, wie ein Haus abgetragen wurde. Oder ich stieg durch ein offenes Kellerfenster und sah mich im Keller um. Wahrscheinlich habe ich von der Volksschule überhaupt mehr profitiert als von der Mittelschule. Dort wurde meine Persönlichkeit mehr ausgebildet als mein Wissen. Das, was ich heute mit der Sprache tue, wenn ich texte, ist zum Teil sicherlich eine Gabe. Und dieses Talent ist in der Volksschule entdeckt worden, dafür bin ich meinem Lehrer Anton Frei noch heute dankbar.«
FALCO machte sich auch später immer wieder Gedanken, welche Auswirkung die Trennung der Eltern auf sein Leben gehabt hat: »Mein Vater hat einmal gesagt, daß ich – wäre er zu Hause geblieben – nie FALCO geworden wäre. Das klingt zwar nicht gut, aber ich kann ihm nicht unrecht geben. Dadurch, daß sich plötzlich nur noch meine Mutter und meine Großmutter um mich gekümmert haben, wurde ich schon früh sehr selbständig, und ich begann, mein eigenes Leben zu leben.«

4

Es beginnt eine Zeit, von der viele Jahre später das österreichische Wirtschaftsmagazin »trend« in einer Replik boshaft schreiben wird: »Früher war FALCO eine richtige Flasche. Zu fett für Fußball und Weiber. Zu faul im Gymnasium und zu frech fürs Büro. Insgesamt nicht auszuhalten, der Typ. Die Mutter hat ihn mit ihrer Erbsenzählerei genervt, der Vater ist beiden davongelaufen; mit seiner schwangeren Sekretärin. Das Tor zur Welt waren die Bee Gees und die Beatles, aber dort, wo FALCO war, war der Arsch der Erde.«

Das ist, in seiner Komprimiertheit, übertrieben und stimmt nur zum geringsten Teil. Aber es ist richtig, daß für FALCO ein paar schlimme Jahre anfingen. Viel zu viele Dinge stürzen völlig unvorbereitet auf ihn ein; er beginnt sich in mancherlei Hinsicht einfach zu verweigern. Er hört mit dem Klavierspiel auf, stopft Unmengen von Essen in sich hinein und wird für eine Weile zum Einzelgänger.

Immer weniger interessieren ihn die kindischen Probleme seiner gleichaltrigen Freunde. Noch etwas Entscheidendes kommt hinzu. FALCO: »Bis zum 14. Lebensjahr waren wir im Rainer-Gymnasium eine reine Bubenklasse. Bis dahin war ich kaum mit Mädchen zusammen. Meine Cousine, mit der ich als Kind viel gespielt habe, war wie ein Junge für mich, ein Freund, kein Mädchen. Und dann, mit 14 Jahren, wurden die Klassen gemischt. Plötzlich gab es Jungen und Mädchen in der Schule. Zurückblickend muß man sich dieses unsinnige pädagogische System einmal vor Augen führen – da erzieht man jahrelang die Kinder in einem

System des getrennten Aufwachsens, und gerade in der heikelsten Zeit, während der Pubertät, mit 14, 15 Jahren, tut man sie zusammen.
Ich war damals ziemlich durcheinander.
Für die Jungen hatte ich immer ein funktionierendes System, sie waren mir alle zu infantil, lächerlich kleinkariert, aber Mädchen muß man – und das merkt man besonders mit 14 Jahren – mit anderen Maßstäben messen. Da habe ich lange Zeit nicht durchgeblickt. Später waren auch meine ersten sexuellen Erfahrungen eher auf einem medizinisch-technischen Niveau angesiedelt, nach dem Motto: ›Heute entdecken wir unseren Körper‹. Da fand ich eine ganze Zeit lang nichts Aufregendes dabei.«
Hans ist in diesen Jahren äußerst disziplinlos. Falls der Vater ihn durch seine Anwesenheit einem gewissen Drill unterworfen hatte, fällt das nun weg. Zu allem Unglück stirbt 1971 auch die Großmutter. Eines Tages kam er von der Schule nach Hause und erfuhr, daß sie tot war. Er stürzte in sein Zimmer und sperrte sich ein.
Maria Hölzel fingen die Sorgen an, über den Kopf zu wachsen. Der Laden in der Ziegelofengasse brachte immer weniger ein, die großen Supermärkte rundum machten ihr unerbittlich Konkurrenz, und zu allem Übel fehlte ihr die Mutter, die wenigstens ein paar Stunden am Tag im Geschäft ausgeholfen hatte.
»Ich mußte daran denken, das Geschäft aufzugeben und irgend etwas anderes zu machen, um Geld zu verdienen«, sagt Maria Hölzel. FALCO bereitete ihr Kummer. »Ich war zwar in gewissem Sinne streng zu ihm, aber nicht resolut. Er war ein guter Junge, aber ich mußte ihn doch oft sich selbst überlassen.« Die Nachbarin von gegenüber, die ihn abgöttisch liebt, wird zu einer Art Großmutter-Ersatz. »Ich bekam dann ein Angebot von einer großen Kaufhauskette als Reisende in der Werbung«, erzählt Maria Hölzel. »Nach langem Zögern nahm ich den Job an. Das hieß für mich aber,

Montagmorgen von daheim wegfahren und oft erst am Donnerstag oder Freitag wieder zurückkommen.«

Etwa zu jener Zeit begann das Erwachsenenleben von FALCO. Die Nachbarin kochte für ihn, wusch die Wäsche und kümmerte sich darum, daß er morgens rechtzeitig geweckt wurde und zur Schule ging. Er bezog die Wohnung seiner verstorbenen Großmutter und fing an, seiner Umgebung etwas vorzuspielen. »Morgens ging ich aus dem Haus, alle waren zufrieden, dann packte ich meine Schultasche in den nächsten Streusplittkasten und haute ab. Ich wollte nicht mehr zur Schule. Mich interessierte das alles nicht. Ich fuhr in den Prater und sah mir in der Freudenau das Training der Rennpferde an, das gefiel mir. Oder ich fuhr mit der Trambahn zum Fußballplatz und guckte zu.«

Manchmal ging er um neun oder halb zehn Uhr auch ins Kaffehaus und verbrachte seine Zeit bei einem Kaffee und den bunten Magazinen. »Ich kannte wahrscheinlich alle Musikgeschäfte Wiens. Ich klapperte eines nach dem anderen ab.«

Einmal wird sein Vater mit einem schweren Bandscheibenschaden ins Krankenhaus gebracht und muß operiert werden. Nach dem Eingriff besucht ihn Hans, und der Vater ist darüber so gerührt, daß er ihm 1200 Schilling schenkt. FALCO nimmt das Geld, bedankt sich und geht schnurstracks zum Instrumentenhändler Wukitz in die Pilgramgasse 17, wo er weiß, daß er dort eine gute Gitarre bekommen kann.

Das Klavierspiel scheint ihm jetzt unsinnig und mühsam. Der Stutzflügel in der Wohnung der Mutter wird kaum noch angerührt. Er fährt völlig auf Gitarrenmusik ab. 1972, FALCO ist gerade 15 Jahre alt, bekommt die Elektrogitarre, und vor allem dann die Baßgitarre, eine immer stärkere Bedeutung in der Pop-Musik. Es gibt Gruppen wie Deep Purple oder Frank Zappa, die Musik wird rhythmischer, unmelodiöser, die Romantik, wie sie die Bee Gees oder die Beatles noch gepflegt haben, fällt weg. Das kommt FALCO gerade recht:

»Was mir widerstrebt, ist diese Art von Pfadfinderromantik, die sentimentale Musik am Lagerfeuer. Das mag ich nicht. Ein Elektrokamin ist mir da viel lieber.«
Also verkauft er auch seine Wandergitarre, und mit einem Zuschuß von der Mutter ersteht er seine erste Elektrogitarre, schließlich steigt er auf die Baßgitarre um.
Sein mangelndes Interesse für das Gymnasium schlägt sich in der Jahresabschlußstatistik nieder. In der 5. Klasse hat er 485 Fehlstunden und schummelt sich, weil ihn die Lehrer mögen und viel Verständnis für seine Situation aufbringen, gerade noch durch.
Im Jahr darauf sieht er ein, daß es sinnlos ist, sich weiterhin etwas vorzumachen. So sehr er es bedauert, seine Mutter enttäuschen zu müssen, weiß er instinktiv, daß er den Zwang der Schule nicht noch zwei weitere Jahre durchhalten würde.

5

Von der angewandten Psychologie hält Hans Hölzel noch heute nicht viel: »Ich lernte einmal den Baldur Preiml kennen, einen bekannten Sporttrainer, der mit allerlei psychologischen Tricks arbeitet. Da setzt man sich dann zusammen und muß den anderen, die man gar nicht kennt, zehn Minuten lang sinnlos in die Augen schauen. Da verkrampft sich bei mir alles, das widerspricht total meinem Naturell. Alle Gruppentherapie ist mir suspekt, ich bin viel zu sehr Individualist.« Ein andermal setzt er sich mit dem Aggressions-Forscher Professor Fritz Hacker in einer Club-2-Diskussion des österreichischen Fernsehens auseinander. »Ich mußte mich sehr zurückhalten, um nicht beleidigend zu werden«, sagte er nachher. »Wenn einer eine Stunde lang in der Kiste ›Tiefenpsychologie‹ kramt und dann ohnedies nichts Gescheites herausholt, soll er es sein lassen. Dieser Schmäh ist zu 99 Prozent Geschäft – und dafür bin ich nicht zu haben.«

Trotz dieser vehementen Ablehnung der Seelenforscher ist nicht zu übersehen, daß FALCO Anfang der 70er Jahre seine Persönlichkeitsprobleme mit dem Essen zu kompensieren sucht. Er schlingt Unmengen in sich hinein. »Mit 16 Jahren hatte ich bei einem Meter neunundsiebzig Körpergröße und dünnen Knochen 84 Kilo.«

Über die Zeit damals sagt er rückblickend: »Mir ging alles auf die Nerven. Ich habe nur an das Zigarettenrauchen und das Den-Mädchen-Nachschauen gedacht.« Es fehlte ihm zwar zu der Zeit jede Perspektive für die Zukunft, er hatte nicht einmal in groben Umrissen eine Vorstellung davon, was

einmal aus ihm werden könnte, doch »ich hatte schon immer das Gefühl, es irgendwann einmal in irgendeiner Beziehung zu schaffen.« Seine Mutter war da viel weniger optimistisch.
»Ich hätte mir nie träumen lasse, daß Hans einmal eine Musikerkarriere machen wird«, sagt Maria Hölzel, als FALCO in Amerika gerade auf dem ersten Höhepunkt seiner Laufbahn ist. Für sie war alles, was kam, tatsächlich überraschend, verblüffend und lange Zeit unwirklich. »Ich habe mir gewünscht, daß er die Matura macht und dann einen Beruf ergreift, der ihm ein sicheres Einkommen verschafft.«
Als es – nach 600 unentschuldigten Fehlstunden mit 16 Jahren und einem drohenden Ungenügend in Mathematik – nicht mehr zu übersehen ist, daß Hans größere Probleme in der Schule hat, nimmt ihn sich Maria Hölzel einmal vor.
»Es gibt jetzt zwei Möglichkeiten«, sagt sie zu ihm. »Die eine Möglichkeit ist, daß du die Klasse wiederholst, das wäre mir die liebere Möglichkeit. Aber ich mache dich darauf aufmerksam, daß dieser Trott nicht weitergeht. Wenn du die Klasse wiederholst, dann wird das ein einmaliger Ausrutscher bleiben, von nun an wird bis zur Matura gelernt.«
Die Matura, das österreichische Abitur, interessierte Hans kein bißchen. »Was ist die Alternative?« frage er.
»Die Alternative ist, daß du von der Schule abgehst und einen vernünftigen Beruf erlernst.«
»Ich möchte mit der Schule aufhören«, erwidert FALCO daraufhin erleichtert. Er ist sogar bereit, sich den weiteren Plänen seiner Mutter unterzuordnen, wenn sie ihm nur gestattet, mit dem schrecklichen In-die-Schule-Gehen Schluß zu machen. Es war ihm leid um die Zeit, die er dafür opfern mußte, er verstand mit den Jahren immer weniger, weshalb er Gedichte und Formeln auswendig lernen mußte, die er ohnedies wieder vergaß. Der Satz: ›Nicht für die Schule, für das Leben lernen wir‹ bedeutete ihm gar nichts. Das, was er meinte fürs Leben zu brauchen, holte er sich anderswo als im Gymnasium.

6

Wien war lange Jahre eine verknöcherte, überalterte Stadt im Herzen Europas, mit 1,7 Millionen Einwohnern Relikt eines Riesenreiches, der österreichisch-ungarischen Monarchie, in einem – nunmehr kaum 7 Millionen Menschen zählenden – Kleinstaat. Lange Jahre galten in der Stadt nur die Sängerknaben, die Spanische Hofreitschule und alles, was alt und überliefert war, etwas. Die Touristen kamen und gingen ins »Sacher« oder zum »Demel«, und viele junge Leute, insbesondere Künstler, wichen nach Graz, Salzburg, München, Berlin, Paris und New York aus, wo sie Karriere machten.

Erst Ende der 60er Jahre, Anfang der 70er Jahre entwickelte sich in der Stadt so etwas wie eine funktionierende Subkultur, ein – manchem anarchisch anmutender – Widerstand gegen die überholte Heurigenseligkeit und das Opernball-Getue.

In der Musik besann man sich auf die eigene Sprache, den Dialekt. Hatten Wiener Künstler anfangs englische Gruppen nachgeahmt, so zeigte sich nach dem Riesenerfolg von Marianne Mendt mit ihrem Song »Wia a Glock'n«, daß es auch möglich war, anspruchsvollere Schlager höchst erfolgreich mit einem deutschsprachigen Text, ja, mehr noch, mit dem Wiener Dialekt zu kombinieren.

André Heller und Erika Pluhar beginnen aus Dialekt-Texten Lieder zu machen, Heller erregt gemeinsam mit Helmut Qualtinger mit dem Lied »Wean, du bist a oide Frau«, Aufsehen. Künstler wie Georg Danzer kommen, und Arik Brauer, ein renomierter Maler der Wiener Schule des Phan-

tastischen Realismus veröffentlicht eine außergewöhnlich vielversprechende erste Langspielplatte.
Ohnedies hatten die Maler wie Christian Ludwig Attersee, Wolfgang Hutter, Ernst Fuchs und vor allem Arnulf Rainer zu dieser Zeit, anfang der 70er Jahre, ihren besonderen künstlerischen Stellenwert in Wien. Ihr Ruhm ging weit über Österreichs Grenzen hinaus.
Die »Liedermacher« fingen an, richtige Geschichten mit ihren Songs zu erzählen. Beschränkte man sich anfangs noch auf mehr oder minder gelungene Nachahmungen englischer Songtexte, kamen plötzlich urwienerische Laute zu einer griffigen Musik. Ein Vorreiter war Wolfgang Ambros, der mit dem Prokopetz-Text »Da Hofa« lange Zeit die Hitparaden anführte.
Die Lieder dieser ersten und zweiten Generation des »Austropop«, wie diese neue Kunstrichtung genannt wurde, kamen im benachbarten Deutschland hervorragend an. Jahre, ehe ein Lindenberg oder Klaus Lage die deutsche Sprache und insbesondere den Dialekt als Vehikel erfolgreicher Musik entdeckten, lagen die Wiener Pop-Stars bereits an den Spitzen der Charts.
Wien wandelte sich. Die verknöcherte Stadtbürokratie war aufgeweicht worden, junge, dem Neuen zugetane Politiker hatten als Bürgermeister das Sagen. Am Rande der Szene entstanden Lokale wie das Voom Voom im achten Bezirk oder das Vanilla im ersten oder das Exil im neunten Bezirk, Undergroundschuppen, in denen scharfe, gute Musik gespielt wurde, wo man redete und wo viele allerdings auch – Schattenseite der Erneuerung – ihre ersten Rauschgifterfahrungen machten.
FALCO, der stets versucht hat, seine Sucht auf Alkohol und Nikotin zu beschränken, sagte über diese Szene einmal in einem Interview mit der »Los Angeles Times«: »Da war eine wirklich harte Drogenszene in Wien, und ich schätze, das hatte ein bißchen damit zu tun, daß man seine Depressio-

nen betäuben wollte. Es ist ja auch deprimierend, wenn man dauernd diese wunderschönen Bauwerke sieht und daran erinnert wird, *was* Wien einmal *war*. Und das es nie mehr so sein wird.«
Lange Jahre stand Wien in der europäischen Selbstmordstatistik an zweiter Stelle, gleich hinter Budapest.
Jedenfalls: Musik, Malerei und sogar das moderne Schauspiel nahmen einen immer größeren Stellenwert im Selbstverständnis der Stadt ein. FALCO hatte das Glück, seine Karriere zu einer Zeit zu beginnen, als die ganze Stadt in einer Aufbruchstimmung war.
Maria Hölzel allerdings wollte von dem berufsmäßigen Gitarrespiel und den anderen hochfliegenden Plänen ihres Sohnes nichts wissen: »Über Bekannte konnte ich ihm eine Bürostelle bei der Pensionsversicherungsanstalt für Angestellte in der Blechturmgasse verschaffen. Er war zwar nicht ausgesprochen glücklich über den Job, aber ich sagte ihm, daß es nicht allzu viele Möglichkeiten gab, ohne Matura in einem guten Beruf unterzukommen.
Dort war das möglich, und es gab sogar die Chance, daß er nach zehn Jahren pragmatisiert wurde, das heißt, er wäre ins unkündbare Beamtenverhältnis übergegangen.«
Hatte Maria Hölzel bis dahin Eskapaden ihres Sohnes ohne größere Aufregung hingenommen, so geriet sie nach dem Fiasko im Gymnasium langsam in Panik und bestand darauf, daß er sofort bei der Pensionsversicherungsanstalt zusagte. Hans wollte zuerst die zwei Monate Ferien genießen, doch auch da blieb die Mutter nun hart: »Ich sagte ihm, wenn er die Klasse nicht wiederholen, sondern ins Berufsleben treten wolle, müsse ihm ein Urlaubsmonat auch reichen. Das hat er dann eingesehen.«
So groß die Abscheu vor dem Bürojob anfangs gewesen sein mag, mit den Wochen fand Hans regelrecht Gefallen daran. Er verdiente jetzt sein eigenes Geld – zwar nicht viel, aber genug, um sich hin und wieder ein Abendessen in

einem Restaurant leisten zu können oder Zeitschriften wie den »Playboy« und »auto motor sport«, die ihn interessierten.
»Ich war in der Beziehung immer schon für alles oder nichts. Selbst wenn ich wußte, wenn ich mir diese Woche die ›auto motor sport‹ kaufte, würde ich nicht einmal mehr einen Groschen für 'ne Cola oder ein Eis haben, hab' ich sie dennoch gekauft. Das war mir egal. Ich mochte dieses Groschenzählen nie. Ich habe das Geld, auch damals, als ich noch wenig hatte, mit vollen Händen ausgegeben, wenn ich wirklich etwas wollte.«
Mit 16 Jahren führte er das Leben eines Erwachsenen von Mitte zwanzig. Er besaß eine eigene Wohnung – »40 Quadratmeter, die Toilette auf dem Flur, aber immerhin war es mein eigenes Reich« – und er machte seine ersten entscheidenden Erfahrungen mit Mädchen: »Ich ging damals immer nach demselben einfachen Prinzip vor: erstens liebte ich das Mädchen, zweitens mußte es mit mir schlafen wollen, und nach einer kurzen Weile war eh alles vorbei.«
Hatte Maria Hölzel etwas von diesem Leben bemerkt, so verschloß sie verständnisvoll beide Augen und ließ ihren Sohn handeln.
»Bei den Mädchen ist es mir nie gelungen, eines mit meinen romantischen Erklärungen rumzukriegen. Da schmolz wirklich keine hin. Ich glaube übrigens, das gibt's in Wahrheit gar nicht, sondern das sind Dinge, die man uns in den Drehbüchern von College-Filmen glaubhaft machen will.
Wenn es darum ging, ein Mädchen wirklich zu beeindrucken – und das ist heute noch genauso –, dann funktionierte das nur mit großer Lautstärke. Entweder man hat viel Geld oder man macht viel Action.«
Freunde aus der Zeit damals berichten, daß Hans kein ausgesprochener Aufreißertyp war. Er rannte nie hinter den Mädchen her, sondern wartete darauf, daß sie auf ihn zukamen. Natürlich imponierte es den Gleichaltrigen ungemein, daß da einer war, der auf eigenen Beinen stand und

Der 16jährige Hans Hölzel

sogar ein eigenes Apartment bewohnte, und Hans pflegte dieses Image noch.

Er sagt im Rückblick: »Mein Schmäh war immer der, keinen Schmäh zu haben.« Er fuhr recht gut damit. Er war nicht auf den Mund gefallen, aber er erweckte auch nicht den Eindruck, er würde sich aus einem Mädchen besonders viel machen.

»Wenn es darum ging, die Zelte abzubrechen, dann war ich immer einer der schnellsten.« Zum großen Teil spielten dabei seine besondere Sensibilität eine Rolle und die gekränkte Eitelkeit. Instinktiv fühlte er, wenn man ihn nicht mochte, und er bildete sich manchmal sogar ein, daß jemand nicht mochte, wo das gar nicht zutraf. »Ich war da knallhart und spielte immer den coolen Typ. Ein Standardsatz von mir, wenn sich eine zierte, war: ›Na bitte, dann nicht, dann stelle ich dir meinen Freund vor, vielleicht gefällt dir der besser.‹

Für sich selbst erkannte er, daß er am besten mit zurückhaltender Distanz zum Ziel kam: »Es gibt Dinge und Verhaltensweisen, die verblüffen eine Frau vollends. Zum Beispiel, wenn man sie als Junge ignoriert. Und irgendwann nebenbei, wenn sie aus Wut oder Überraschung, für einen Luft zu sein, schon auf Kohlen sitzt, fragt man sie ob sie nicht mit einem ausgehen wolle.«

Wenn trotzdem einmal ein Mädchen Nein sagte, schien das Falco nichts auszumachen: »Vielleicht ist das ein Schutzmechanismus meiner Psyche, der da sagt: Na gut, wenn du nicht willst, mir soll's recht sein, dann eben eine andere, ich bin gar nicht traurig.«

So abwechslungsreich und sorglos dieses unabhängige Leben nach der Qual der Gymnasiumzeit für Hans auch gewesen sein mag, er war sich darüber sehr wohl im klaren, daß es für ihn am Schreibtisch eines Büros der Pensionsversicherungsanstalt für Angestellte in der Blechturmgasse in Wien keine Zukunft gab. Er jammerte zwar nicht, aber Maria

Hölzel wußte bald, »daß es ihm nicht sehr gut gefiel und daß er dauernd nach etwas anderem gesucht hat.«

Er verbiß sich weiter in die Musik, er sog die Songs, die er in Ö3, dem Pop-Sender des Österreichischen Rundfunks hörte, oder auf den Platten, die er sich besorgte, förmlich auf und übte Gitarrenläufe, wie er sie von Gruppen wie AC/DC oder Pink Floyd mitbekam. Besonders fasziniert ist FALCO von einem Mann, der von England aus nicht nur den Sound der Musik, sondern auch die optische Darstellung auf der Bühne oder im Fernsehen völlig umkrempelt und der sich nicht scheut, bei Interviews Tabus zu brechen, ja, mehr noch, bei dem man den Eindruck gewinnen kann, daß es ihm richtiggehend Spaß macht, wenn er die Leute mit seinen Geständnissen und Aussagen verblüfft und erschreckt – David Bowie.

7

1973, als FALCO gerade 16 Jahre alt ist, verkündet David Bowie zum ersten Mal seinen Rückzug aus der Rockmusik im Anschluß an ein riesiges Open-Air-Konzert in London. Für viele junge Musiker ist Bowie schon längst zu einem metaphysischen Denkmal der Szene geworden, geheimnisvoll, zwiespältig und voller Widersprüche.
»Ich hatte«, sagte FALCO viele Jahre später einmal, »viel zu viel mit mir selbst zu tun, um irgend jemandes Fan zu sein. Für Idole blieb mir gar keine Zeit.«
Es gab allerdings eine Ausnahme: »Eine ganze Weile lang begeisterte ich mich für David Bowie. Wahrscheinlich war er, ohne daß ich das damals wirklich realisiert hätte, auch schon die Initialzündung für meine anfänglich gestylte Arroganz, die ich Jahre später auf der Bühne bot.«
Bowie kam Anfang der 70er Jahre wie ein Fremdkörper in die kumpelhafte Welt der Rock-Größen. Hatten sich die anderen im Laufe der Jahre mit langen Haaren und wilden Bärten übertroffen, trug man auf der Bühne aufregend bunte Hemden, bestickte Jacken und Röhrenhosen nebst hochhackigen Stiefeln, so sah David Bowie wie aus dem Ei gepellt aus: Meist in Anzug, mit gestärktem Hemdkragen und Schlips, trug der Ex-Bandleader der Gruppe The Buzz das Haar gescheitelt und streichholzkurz geschnitten.
Der »Playboy« sah ihn ». . .als bisexuellen Balladensänger, als zwitterhaften Gitarristen mit geschorenem roten Haar, dessen Begleitgruppe sich ›Spiders From Mars‹ nannte; als Soul-Sänger und als Filmschauspieler. Vorläufige Endfassung: Bowie als konservativer, sinatresker Entertainer.«

David Bowie dreht die harsche Rebellionsstimmung auf den Rock-Bühnen um in ein pittoreskes Feuerwerk von blasierter Art-deco-Eleganz. Er geht nach Berlin, produziert da zwei Platten (»Heroes« und »Low«) und war eher, so der »Playboy«, »in Strichjungen- und Transvestiten-Kneipen zu finden. Zumeist ausreichend verkleidet. Eine Greta Garbo des Showbusineß.«

Er pflegt sein Image der Bisexualität, seine »Geständnisse« in Interviews wirken eher wie gezielte Provokationen einer verkrusteten Pop-Welt, in der das Männliche mit Elvis-Presley-Lederhosen und die Weiblichkeit einer Nancy Sinatra puristisch in zwei Lager geteilt wurde.

Anders als in dem Bild, das er von sich gern zeichnet, ist Bowie in Wahrheit ein ziemlich besessener Arbeiter, der seine Texte selbst schreibt und der viel Zeit damit zubringt, sein Image zu »verkaufen«. Einer seiner Leitsätze ist: »Das einzige, was heute schockt, sind Extreme, man muß die Leute vor den Kopf stoßen.«

Ein Credo, das FALCO am Anfang seiner Karriere bis zu einem gewissen Grad akzeptiert. Viel später sagte er in einem Interview mit der österreichischen Pop-Zeitschrift »Rennbahn express«:

»Wahnsinnig gut finde ich David Bowie. Aber ich muß sagen, seitdem ich ihn in ›Live Aid‹ gesehen habe, hat er im unmittelbaren Vergleich mit Kollegen wie Bob Geldof oder Mick Jagger für mich verloren.

David Bowie muß man in einer David-Bowie-Show sehen. Die Leute müssen nur wegen ihm dort sein, der ganze Aufbau, das Drumherum muß auf ihn zugeschnitten sein. Sonst fehlt das Knistern. Trotzdem ist David Bowie ein Künstler, der in der Popmusik Richtungen gesetzt hat. Unsere heutige Entdeckung, daß die reine Musikperformance aufgehört hat, hat er schon Mitte der 70er Jahre gemacht und mit seinen Shows vorexerziert, wo's langgeht. David Bowie inszeniert sich laufend selbst. Ich glaube, wenn

du ihn zu Hause siehst, kannst du das gar nicht vergleichen mit der öffentlichen Person Bowie.«
Obwohl FALCO schon lange, ehe er eine eigene Karriere starten konnte, erkannt hat, wie wichtig die Präsentation des Künstlers ist, weiß er, daß der Glamour und Flitter auf der Bühne oder im Video-Clip nicht alles sein können. Heute sagt er: »Das Plattengeschäft ist ein absolut moralisches Geschäft, denn niemand, oder sagen wir, kaum jemand, geht in einen Plattenladen und kauft eine Platte, weil der Sänger zufällig einen tollen Hut auf hat oder weil er im Fernsehen so gescheit dahergeredet hat. 998 von tausend Plattenkäufern erstehen eine Platte, weil sie ihnen gefällt, weil sie die Musik anmacht, weil sie sie haben *müssen*.«
FALCO selbst kauft heute jede neue David-Bowie-Scheibe, die auf den Markt kommt, und jede Platte von Frank Sinatra. Bei den anderen Künstlern wählt er aus, was ihm gefällt, da kauft er nicht blind: »Frank Sinatra ist das typische Beispiel dafür, daß sich auch bei großen Namen, bei Markenzeichen, nur Qualität an den Mann bringen läßt. Es kann sein, daß Sinatra von einer Platte 250 000 Stück verkauft und von der nächsten plötzlich dreieinhalb Millionen . . .«

8

Zu jener Zeit, als FALCO auf David Bowie aufmerksam wird, sind seine eigenen Karrierevorstellungen noch verschwommen. Seine Gewichtsprobleme jedoch bekam er im ersten halben Jahr seines Angestelltendaseins in den Griff: »Ich habe einfach aufgehört zu essen und war wieder ansehnlich geworden.«

Hans reagiert immer ganz ausgeprägt auf sein Gegenüber oder auf die Art, wie man ihn behandelt. Er konnte sehr offen und witzig sein, aber auch verschlossen und böse; er konnte sich, wenn er fühlte, daß ihn jemand anzugreifen versuchte, wie eine Auster verschließen. Ein Wesenszug, den er, sehr zum Mißvergnügen seiner Pressemanager, bis heute nicht abgelegt hat. Langweilige, dumme Interviewfragen beantwortet er mit einer frechen Arroganz, die Reporter oft wie ein Eisblock trifft. Im Mai 1986 war ein Interview mit einer wichtigen österreichischen kulturpolitischen Zeitschrift ausgemacht gewesen, die eine Titelstory über FALCO produzieren wollte.

Nachdem sich der Reporter und Hans Hölzel miteinander bekannt gemacht hatten, zogen sie sich mit jeweils einem Glas Wein zum Gespräch zurück. Es vergingen kaum ein paar Minuten, da kam der Interviewer völlig konsterniert zum Manager von FALCO. Hans hatte ihn einfach hinausgeworfen, obwohl er wußte, daß das Interview wichtig für ihn sein konnte. Aber er mochte nicht mehr über seinen Schatten springen. »Ich will nicht dauernd erklären müssen«, rechtfertigte er sich, »ob ich ein gestyltes Kunstprodukt bin oder nicht. Ich will nicht den Anteil der Propaganda heraus-

dividieren müssen, aus dem, was ich mache, das nervt mich.« Im Juli erschien die Story dann, und der Autor schrieb: »Wenn FALCO heute auf sein Image angesprochen wird, ist es mit dem Humor schlagartig vorbei. Geht die Frage noch weiter und gipfelt in der Unverfrorenheit, nach dem wahren Urheber des so telegenen aufbereiteten Persönlichkeitsbildes zu forschen, ist der Ofen überhaupt aus. Hölzel: ›Ich gebe keine Antwort mehr auf Fragen wie ›Wieviel läßt du dir sagen?‹ Ich laß mir nämlich überhaupt nichts sagen. Wenn ich mir etwas hätte sagen lassen, dann wären wir heute nicht da. Dann wäre ich nämlich in der Pensionsversicherungsanstalt oder der Creditanstalt oder sonstwo.‹«
Auf einen Nenner gebracht: FALCO hat damit tatsächlich den Nagel auf den Kopf getroffen. Als er nämlich eines abends heimkam und seiner Mutter rundheraus erklärte, er wolle den sicheren Job bei der Pensionsversicherungsanstalt aufgeben, fiel Maria Hölzel aus allen Wolken: »Ich hatte mir für meinen Sohn immer Sicherheit gewünscht. Ich fand den Gedanken sehr beruhigend, daß er mit 27 Jahren als Beamter unkündbar gewesen wäre. Es wäre ja eine Lebensstelle gewesen. Und ich muß heute, rückblickend, sagen – für mich als Mutter wäre es sicher ein gutes Gefühl, wenn er Beamter wäre.«
Natürlich ist sie stolz auf die Erfolge von Hans und hängt mit einer abgöttischen Liebe an ihm, aber als er ihr damals erklärte, er würde aufhören zu arbeiten, war sie schockiert. Maria Hölzel: »Man kann ja nie voraussehen, was aus einem Leben wird. Ich sagte Hans damals: ›Schau mal, andere wären so froh, wenn sie diesen Posten hätten, den du jetzt wegschmeißt.‹ Und er antwortete: ›Meinst du, daß ich glücklich werden kann, wenn ich mit 60 Jahren nach einem Schreibtischjob in Rente gehe und immer dem unerfüllten Traum nachtrauere?‹ Ich verstand zwar, was er meinte, aber es war doch so wichtig, daß er eine Stelle hatte! Mir hat es wirklich nicht gefallen, als er alles aufgab.«

Es gab allerdings ein Argument, mit dem konnte Falco die Mutter etwas beruhigen. »Er versprach mir, er würde anfangen, auf die Musikhochschule zu gehen und Musik zu studieren. Ich wußte ja, wie talentiert er war und daß die Musik seinen Lebensinhalt bedeutete. Also akzeptierte ich seine Kündigung.«

Falco: »Meine Zukunft lag ziemlich verschwommen vor mir, ich hatte kaum Vorstellungen, was in fünf oder in zehn Jahren werden sollte, ja, im Grunde wußte ich nicht einmal über meine nächste Zukunft Bescheid. Anfangs träumte ich nicht von einer Karriere als Sänger oder Solomusiker, ich wollte Instrumentalist werden und Spaß in einer Band haben. Ich konnte in der Zwischenzeit ganz gut Baßgitarre spielen, und ich wollte mir das mit meinem Spiel zusammenverdienen, was ich zum Leben brauchte.«

Er organisiert gemeinsam mit Freunden eine Band. Seine erste Gruppe nennt sich Umspannwerk. Die Eltern eines Freundes von Hans besitzen in Kaltenleutgeben, etwa 15 Kilometer westlich von Wien, ein Haus, und im Keller können die Jungen proben. Hans redet so lange auf seine Mutter ein, bis sie sich bereit erklärt, ihm ein Moped zu kaufen. Nun ist er mobil und kann so oft er will nach Kaltenleutgeben fahren.

»Meine Freunde zu der Zeit waren viel älter als ich, in der Band – ich war 17 – waren noch ein 32jähriger und einen 35jähriger. Mir gefiel einfach der geschliffene Spruch der Älteren, deren Schmäh. Ich hab' den dann für mich adaptiert und angenommen.«

Er wirkte frühreif. »Ich war weder ein Halbstarker noch ein bebrillter Klaviertiger, ich glaube, jeder kreative Beruf, ob man nun schreibt, malt oder Musik macht, bringt eine gewisse Gegensätzlichkeit der Charaktere mit sich, das sind im Grunde alles Freaks, die man nicht über einen Leisten schlagen kann.«

Die »Los Angeles Times« schreibt über diese frühen Jahre:

»FALCO sah in der Rockmusik einen Weg zu einem freieren Lebensstil. Und verständlicherweise waren seine Eltern, die aus der Arbeiterklasse stammten, entsetzt, als er die Schule und alles aufgab, um eine Rock-Band zu gründen.«
Als FALCOS Vater, der in der Zwischenzeit eine Servicefirma für Blechbearbeitungsmaschinen in der Kamarschgasse in Favoriten, dem 10. Bezirk Wiens, eröffnet hat, erfährt, daß sein Sohn von der Schule abgegangen ist und vorhat, Musiker zu werden, ist er strikt dagegen. Maria Hölzel: »Anfangs, als noch nicht abzusehen war, wie sich das Leben des Jungen entwickeln würde, hat mir mein Mann Vorhaltungen gemacht und gesagt, ich sei schuld, daß er Musiker geworden ist. In der Zwischenzeit hat er seine Meinung geändert – er weiß, unser Sohn hätte wohl in keinem anderen Beruf so viel verdienen können, wie er jetzt mit der Musik verdient.«
Und er wäre wohl auch in keinem anderen Job nur annähernd so glücklich gewesen wie jetzt.
»Für meinen Vater«, erinnert sich FALCO, »war das kein Beruf, aber er steht andererseits auf dem Standpunkt, daß Bankkonten nicht lügen können. Und jetzt findet er alles prima. Er sagt, wenn es den Leuten gefällt, dann müssen sie schon einen Grund haben, warum es ihnen gefällt, auch wenn ich es nicht verstehe. Anfangs, auch nach meinen ersten großen Erfolgen, fand er alles nur eine Herumzigeunerei, ohne rechte Perspektiven, inzwischen hat er es sich aber abgewöhnt, mich zu fragen, wie denn das alles weitergehen soll. Er hat eingesehen, daß da eine gewisse Kontinuität ist.«
Aus der Bredouille – einerseits keinen Bock auf den Schreibtischjob in der Pensionsversicherungsanstalt zu haben, andererseits nur recht diffuse Vorstellungen von einer besseren, erstrebenswerteren Zukunft – rettete sich FALCO mit einer freiwilligen Meldung zum Militär, zum österreichischen Bundesheer. »Ich war 17 Jahre alt, und rückblickend war das ein genialer Einfall. Wenn ich mir vorstelle,

daß ich jetzt meinen Wehrdienst ableisten müßte – ein schrecklicher Gedanke!«

Maria Hölzel: »Der Vater eines Freundes von Hans war Oberst bei den Panzergrenadieren, und er versprach ihm, er würde sich dafür starkmachen, daß er zu seiner Truppe käme. Hans verließ sich darauf, aber als es Herbst wurde und er immer noch keinen Einberufungsbefehl hatte, war er in Sorge.« Er wollte im September 1974 einrücken, im darauffolgenden Februar wurde er 18 Jahre. Anfang September fing er an, hektisch herumzutelefonieren. Er hatte sich voll und ganz darauf eingestellt, seine acht Monate Grundwehrdienst abzuleisten und er hing finanziell in der Luft, wenn die Sache jetzt schiefging.

FALCO war schon zu jener Zeit nicht auf den Mund gefallen, und so landete er schließlich im Vorzimmer des damaligen Verteidigungsministers Lütgendorf. Er redete am Telefon so geschickt mit den Beamten, daß sie ihm gestatteten, ins Ministerium zu kommen und sein Anliegen persönlich vorzutragen.

FALCO erzählte von seinen Plänen und seinem Wunsch, den Bundesheerdienst so schnell wie möglich hinter sich zu bringen, um auf die Musikhochschule gehen zu können.

»Ihre Wünsche in allen Ehren, junger Mann«, beschied ihn der Beamte im Ministerium kühl, »aber wir haben nur ein Kontingent von 3000 Plätzen für Freiwillige, und das ist bereits ausgefüllt. Sie müssen sich schon bis zum Frühjahr gedulden, dann werden Sie 18 Jahre, dann können Sie wiederkommen.«

Aber irgendwie beeindruckte er den Beamten mit seiner Selbstsicherheit und der Dringlichkeit, mit der er darauf bestand, jetzt seinen Wehrdienst zu leisten. Jedenfalls machte er es schließlich doch möglich, daß FALCO zuerst in Kaiserebersdorf, einem östlichen Vorort Wiens, und nach sechs Wochen Grundausbildung in der Meidlinger Kaserne seinen Wehrdienst ableisten konnte.

Hans Hölzel mit 18 Jahren

»Mir ist es«, sagt er, »sehr gut ergangen. Ich wurde dort zu einem regelmäßigen Leben gezwungen, etwas, was mir sonst immer gefehlt hatte. Wir aßen immer zur selben Zeit, machten immer zur selben Zeit Sport, ich habe zwar gefressen wie ein Scheunendrescher, aber ich nahm nicht zu. Ich habe mich beim Joggen und bei den verschiedenen Wehrübungen recht verausgabt. Ich fand die Zeit ganz gut.«
Er war bei der Fernmeldeaufklärung. »Eine ziemlich lasche Truppe«, sagte er später. Die Chargenschule bestand er mit einem Sehr gut, und nach ein paar Wochen durfte er die Truppe jeden Abend um 17 Uhr verlassen und daheim schlafen.
Maria Hölzel: »Es war ganz witzig, was er mir nach seiner Abmusterung erzählte – da sprach ihn nämlich ein Vorgesetzter an und fragte ihn geradeheraus, in welcher Beziehung er zum Verteidigungsminister stünde. Hans war ziemlich verwundert, und der Offizier drängte ihn: ›Schauen Sie, Hölzel, jetzt können Sie es doch zugeben, sind Sie verwandt mit dem Minister oder sind Ihre Eltern befreundet?‹ Hans wußte wirklich nicht, wie er dazu kam, aber als der Offizier immer mehr insistierte, dämmerte ihm langsam, daß man offenbar die Einflußnahme aus dem Ministerium bei seiner Einberufung auf persönliche Verbindungen zum Minister zurückgeführt hatte. Die Vorgesetzten haben ihn die ganze Zeit über mit Glacéhandschuhen angefaßt, weil sie meinten, er hätte höchste Protektion.«
FALCOS kleine Wohnung sah damals aus wie die Räume von abertausenden anderer junger Männer seines Alters. Seine Mutter erinnert sich: »Überall an den Wänden hingen nur Poster, Poster, Poster. Überall Plakate von Pop-Stars. Wenn ich zurückdenke, kommen mir am deutlichsten die vielen Poster von Elvis Presley ins Gedächtnis, ich denke, bei allen Vorlieben, die er damals hatte, dürfte ihn Elvis Presley doch am meisten beeindruckt haben.«
Während der acht Monate beim Bundesheer hat FALCO

immer wieder Zeit, sein Gitarrenspiel zu vervollkommnen. »Damals habe ich genau genommen erst richtig gelernt, mit der Baßgitarre umzugehen.« Maria Hölzel: »Er hätte sogar zur Militärkapelle kommen können und versuchen, dort die Musik zu seinem Beruf zu machen, aber das wollte er nicht.«

9

Im Mai 1975 nach der Abmusterung ist FALCO fast jeden Abend in einem Lokal namens Voom Voom zu finden. Der Schuppen im 8. Bezirk wurde sieben Jahre zuvor, auf dem Höhepunkt der Hippie-Kultur, in einem ausrangierten Keller gegründet. Edek Bartz, der viel später FALCOS Tourneemanager bei der Tour 1985 werden sollte und selber Platten macht (»Geduldig & Thiman«) war Ende der 60er Jahre der Disc-Jockey der ersten Stunde.
»Das Voom Voom«, sagt er, »war mehr als ein Amüsierlokal, es war eine Art Philosophie.« In der Musikauswahl, die jede Nacht getroffen wurde, hob man sich deutlich von den übrigen Diskotheken mit ihrer griffigen Flower-power-Berieselung ab. Knaller wie der Stone-Hit »Let's Spend The Night together« oder »Wild Thing« von den Troggs oder einfach die Musik von Frank Zappa wurden im Voom Voom immer wieder verlangt.
Von außen sah der Laden recht unauffällig aus, eine schmale Straße mit heruntergekommenen Jugendstilhäusern, eine Doppeltür, die nur schlecht beleuchtet war, daneben die ausladenden Schaufenster eines riesigen Cafés, in dem man mit Hilfe von Tischtelefonen allerlei Bekanntschaften schließen konnte.
Man mußte eine steile Treppe hintersteigen, ehe man in dem psychodelisch gestylten, dunklen, nur durch einzelne starke Scheinwerferspots erleuchteten Raum kam, in dem getanzt wurde. Der Discjockey saß auf einer Art Kanzel, rund um die Tanzfläche waren kreisrunde Nischen mit Tischen und Stühlen.

»Falco war damals sehr ruhig, nicht laut, eher unauffällig«, sagt Billy Filanowski, der sich 1975 im Voom Voom mit Falco anfreundete und inzwischen sein engster Vertrauter geworden ist. »Wir mochten beide den Disco-Quatsch nicht, und das, was im Voom Voom gespielt wurde, Deep Purple, Genesis, Peter Gabriel, das war eher was für die Ohren von uns Einzelkämpfern.«

Falco kam jede Nacht. »Er war im Umgang mit fremden Menschen eher zurückhaltend, fast schüchtern«, erinnert sich Billy. »Er wurde nie unangenehm laut, er war immer ein netter Kerl.«

Das Voom Voom oder, hin und wieder, das Montevideo in der Annagasse im 1. Bezirk, Band-Proben mit seinen Freunden, Schlafen bis zum Vormittag, das war, grob gesehen, das Leben von Hans.

Er war klug genug, um längst zu wissen, daß es an der Zeit war, seinem Leben einen Kick in eine bestimmte Richtung zu geben. Für ihn war klar, daß diese Richtung eine Einbahnstraße war – hin zur Musik.

2. Kapitel

Die Story ist jene,
Das weiß doch doch jedermann
Das liegt doch auf der Hand
Es war mit Bock und Roll
Musik
Nicht immer leicht in
diesem Land

Das Typische an mir
Ich bin untypisch ganz
und gar
Einmal hoch und einmal tief
Einmal ausgeflippt,
dann wieder straight.

1

Manchmal denkt FALCO darüber nach, wie eigentlich alles losgegangen ist. Was war das auslösende Moment, das die einzelnen Steinchen zu einem ganzen Mosaik zusammengefügt hat?

Wenn er tief in seinem Innersten herumgräbt, findet er dann den Faktor X, jenes Quentchen Talent, Glück, Gier, Passion, weiß der Himmel was noch, das ihn zu dem machte, was er ist?

»Wenn man anfängt, ernsthaft darüber nachzudenken«, sagt FALCO, »ist man eigentlich auch schon am Ende. Ein 19jähriger, der ganz gut Baßgitarre spielt, kann nicht einfach hergehen und sagen, jetzt werde ich Pop-Star.
Das hat zu passieren. Und eine der wunderbarsten Erfahrungen meines Lebens ist, daß — wenn man fest daran glaubt, daß etwas zu passieren hat, es auch passiert.«

Der Weg zum Ruhm als passives Erlebnis.

Hans Hölzel: »Dieses Darüber-Nachdenken, warum und wie etwas geschieht, fängt ja nicht unbegründet oder aus einer plötzlichen Neugierde heraus an, sondern man macht es, wenn einem einmal etwas schiefgeht. Dann fragt man: Was habe ich früher besser gemacht? Wieso lief es damals und jetzt nicht? Man setzt sich hin und versucht zu analysieren, was man falsch gemacht hat.

Udo Jürgens sagte mir einmal, als ich mit ihm dieses Problem diskutierte, daß es wahrscheinlich ganz verkehrt ist, sich darüber den Schädel zu zerbrechen, was man damals gut und später schlecht gemacht hat. Er sagte mir — und das habe ich mir gut gemerkt: ›Den Respekt bei den Leuten schaffst du dir ohnedies nur durch deine Arbeit, und das nicht innerhalb von fünf Jahren, sondern von fünfzig Jahren. Unser Geschäft ist eine Schleudersitz-Handlung, aber genau genommen ist das heutzutage vermutlich in jedem Job so, wer nicht funktioniert, der wird fallengelassen.«

Falco machte schon am Anfang seiner Laufbahn wenig Hehl daraus, daß er auf Erfolg aus war. 1976 kamen aus England neue, harte Musiktöne: der Punk. Sid Vicious und seine Sex Pistols, im CB/GB's in der Bowery in Manhattan trat eine junge Frau namens Debrah Harrys in einer Mädchenband auf, plötzlich war die Disharmonie für Auge und Ohr angesagt, Amateure oftmals, jedenfalls keine professionellen Künstler wie am Anfang der Pop-Bewegung, stellten sich einfach auf die Bühne und machten Musik.

Sie versuchten gar nicht, sich anzupassen oder für ihre Auftritte besser zu kleiden. Leder, genietete Stiefel, kurzgeschorene Haare, der Punk kam aus der Arbeiterklasse Englands und von der Ostküste Amerikas und versuchte nie, sich eine gängige Glasur zu verpassen.

Der Punk fegte wie eine Sturmböe heran, löste alles Sanfte, Weiche ab. »Hans war von Anfang an vom Punk fasziniert«, erinnert sich einer seiner ältesten Band-Kollegen, Stefan Weber, »aber auch dabei suchte er immer nach einem eigenen Stil.«

Mit 19 Jahren geht Hans Hölzel ans Musikkonservatorium. Er macht es recht lustlos, weniger aus eigenem Antrieb, als vielmehr, um seiner Mutter einen Gefallen zu tun.

Im November 1985 erinnert sich Falco in einem Interview für das Magazin »Penthouse« an die frühen Jahre: »Ich war auf der Schiene, ein stuhllangweiliger Mittelbürger zu werden. Von dieser Schiene bin ich abgesprungen. Aufstiegsdroge für mich war die Musik, weil da ein gewisses Talent und ein Interesse war; außerdem konnte man bei den Madln prima angeben – mit Gitarrenkoffer und so. Ist eigentlich auch ganz gut gelaufen.«

Berlin war Ende der 70er Jahre die Stadt des David Bowie, die Stadt, in der die Lichter der Neuen Deutschen Welle, des deutschen Punk, des Rap, erst ganz entfernt am Horizont auffackelten. Hans entschloß sich, für eine Weile nach Berlin zu ziehen. »Ich hatte nie Geld in Berlin. Ich habe anfangs Jazz gemacht, ich habe 150 Mark pro Abendauftritt bekommen, das war schon eine ganze Menge, aber es war auch immer weniger, als ich ausgegeben habe.«

Er wird nicht ansässig in Berlin, dazu ist die Verbindung nach Wien noch viel zu stark ausgeprägt, doch er fährt immer wieder hin, kommt bei Freunden unter und »am Ende werde ich wohl alles in allem eineinhalb Jahre in Berlin zugebracht haben«.

Vor allem zeigen ihm die Reisen nach Berlin eines: Auch dort wird – musikalisch – nur mit Wasser gekocht. Vieles, was er sich von der Fremde erträumt hat, läßt sich nicht verwirklichen. »Und ich habe eingesehen, daß wir damals in Wien gar nicht so sehr hinterherhinkten, wie wir selber dachten. Da war eine neue Szene, da waren Ideen, und da war vor allem Kraft. Am Ende war ich mir darüber im klaren, daß sich gerade in Wien viel verwirklichen lassen würde.«

Aber er war noch zu jung, um Berge zu versetzen.

2

Als Hans Hölzel intensiv daran denkt, seinen Lebensunterhalt mit Musikmachen zu verdienen, sucht er auch nach einem Künstlernamen. »Er hat«, erinnern sich Freunde von damals, »alles mögliche in Erwägung gezogen.« Eines schien ihm damals allerdings unmöglich: Eine internationale Karriere mit seinem richtigen Namen – Johann Hölzel – zu machen.

Hölzel, das war einfach zu wienerisch. Zu allem Überfluß gilt »hölzeln« in Wien noch als dialektisches Synonym für Lispeln, also für einen Sprachfehler. Diese Doppelbedeutung im Slang machte sich viele Jahre später der steirische Sänger Wilfried zunutze, als er in einem Song-Text, »Mein Haustier ist ein Falke, der hölzelt vor sich hin«, FALCO verulkte. FALCO war ziemlich sauer, als er das Lied zum erstenmal hörte, und er fand es erbärmlich, daß ein anderer Sänger der Austro-Pop-Szene versuchte, sich mit solch einem Wortspiel an seinen Erfolg anzuhängen.

Der Streit der beiden nahm immer gewaltigere Formen an, am Ende weigerte sich FALCO sogar, mit Wilfried gemeinsam auf der Bühne zu stehen, ja, überhaupt in einem gemeinsamen Gig aufzutreten. An dieser Auseinandersetzung scheiterte auch die Teilnahme von FALCO am Benefiz-Projekt ›Austria für Africa‹. Es gab einen Riesenstreit um die Goodwill-Platte nach dem Vorbild von Bob Geldof, und FALCO wurde besonders angegriffen, weil er sich auch nicht einmal für einen guten Zweck dazu hatte breitschlagen lassen, bei den Studioaufnahmen mitzuwirken. Man warf ihm vor, er sei überheblich und hätte sich selbst ins Abseits gestellt. Er

verteidigte sich so: »Es wäre taktisch sicherlich klüger gewesen, das Ding zu machen. Zu sagen, okay, Hansi, du bist so weit drüber, daß es dir eigentlich wurscht sein kann, ob der Herr Wilfried einen Streit hat mit dir oder nicht, der gar kein Streit war ... Eine hungernde Mutter in Äthiopien wird es sehr nebensächlich finden, daß ich mit ihm einen Streit habe. Für mich war es aber nicht nebensächlich, weil es mich sehr verletzt hat, wenn da einer auf meinem Rücken seine Promotion macht. Er hat einen sehr billigen Schmäh gegen die sogenannte Schickeria geführt. Das hätte er dem Rainhard Fendrich überlassen sollen, der kann das nämlich viel besser.«
Es gab dann noch eine Textzeile, wo es sinngemäß heißt, dieser Falke hätte nur heiße Luft als Lebenssinn, und das ärgerte Hans Hölzel besonders. »Wie's mit der heißen Luft aussieht, merkt man ja kurz darauf. Von seiner Single weiß man nicht einmal mehr, daß sie erschienen ist, von meinen Platten schon ...«
Diese Auseinandersetzung im Frühsommer 1985 erreicht ihren Höhepunkt, als alle möglichen Mitwirkenden versuchen, FALCO doch ins Studio zu bekommen. »Der Rudi Dolezal, der Initiator«, erzählt FALCO, »hat mich angerufen, ob ich nicht doch mitmache. Und ich sagte ihm, ich stelle mich mit diesem Wilfried nicht in die Reihe der österreichischen Unterhaltungskünstler. Schon weil ich Angst habe, daß er zum Schluß noch ins Mikrophon beißt. Dann hat mich noch der Wolfgang Ambros angerufen und – wie er sich ausgedrückt hat – mir zugeredet wie einem kranken Roß. Aber ich hab' auch ihm sagen müssen: Ich kann mit dem Menschen nicht, ich will ihn nicht sehen. Mir war klar, daß die Negativpresse über mich herfallen wird, da kannst du noch soviel Positives tun ...«
Tatsächlich warf man später FALCO wiederholt vor, er hätte seine Auseinandersetzung auf Kosten der ärmsten, hungernden Menschen geführt. Was nur wenige erfuhren: FALCO

ging selbst zu Karlheinz Böhm, der der Sachverwalter des eingespielten Geldes werden sollte, und entschuldigte sich dafür, nicht bei der Platte mitgemacht zu haben. »Ich sagte ihm, das Entscheidende sei aber, daß genug Geld zusammenkommt, und ich zahle das aus eigener Tasche, was die anderen mit ihrem Gesang verdienen.«
Im Grunde ist FALCO nicht nachtragend, und als er am 29. Juli 1985 Wilfried in Graz trifft, geben die beiden einander versöhnlich die Hand. Sie sind jetzt zwar keine dicken Freunde, aber es herrscht Frieden.
Jedenfalls war Hans Hölzel schon früh klar, daß er für eine internationale Karriere einen guten Künstlernamen brauchte.
Einmal – um genau zu sein, es war am 1. Januar 1977 – sitzt er vor dem Fernsehapparat und sieht sich die Übertragung des Skispringens aus Garmisch-Partenkirchen an. Er hat eigentlich nicht sonderlich viel für den Skisport übrig und schon gar nicht fürs Skispringen, aber ein Typ imponiert ihm. Es ist der Star der damaligen Springerelite, der Ostdeutsche Falko Weißpflog, ein schmächtiger, blonder Junge, der die tapfersten Sprünge absolviert und seiner Konkurrenz weit überlegen ist.
An dem Tag geht ihm der Name Falko nicht mehr aus dem Kopf. Der Falke ist ein Vogel, ganz nach Hans Hölzels Geschmack, ein gewandter Flieger, scharfäugig und clever. Und der Name läßt sich international gut vermarkten. Falcon ist der englische Name des Falken, wenn er statt dem K ein C nimmt, gibt es in Amerika keine Verständigungsprobleme . . .
Anfangs fügt er dem Namen FALCO noch erfundene Namen hinzu. In den Berliner Szene-Lokalen, wie dem Jungle oder dem Quartier Latin, tritt er als FALCO Stürmer und dann als FALCO Gottehrer auf. »Dann habe ich mir gedacht, eigentlich reicht FALCO, und offenbar hatte ich recht. Den Zunamen habe ich einfach vergessen . . .«

In Wien organisiert er gemeinsam mit Wolfgang Staribacher, dem Sohn des damaligen österreichischen Handelsministers Josef Staribacher, und Peter Vieweger eine eigene Band, die er Spinning Wheel nennt.

»Der Wolfi Staribacher war natürlich von daheim gut betucht«, sagt Maria Hölzel, »aber Hans mußte damals sehen, wo er finanziell blieb. Er hat sein Konto kräftig überzogen, und ich mußte ihm immer wieder aus der Patsche helfen. Er versuchte auch hin und wieder, seinen Vater um Geld anzugehen. Ich sagte ihm damals, daß das nicht so weiterginge. Ich sagte ihm, er könne von mir aus nur Musik machen und brauche sonst keinen Beruf ergreifen, doch müsse er wenigstens so viel Geld verdienen, wie er zum Leben brauche.«

FALCOS Freund Wolfgang Staribacher wohnte in Hütteldorf, einem westlichen Randbezirk von Wien, und FALCO hielt sich dann oft im Hause des Freundes auf, wo man auch häufig probte.

3

Die Zeit, die nun folgte, prägte FALCO. Die Phantasiegebilde der aufrührerischen 60er Jahre waren vorbei. Nach dem Schock, als der Club of Rome ein Ende unseres Wachstums prophezeite, wurde das Klima in unseren Breitengraden sichtlich kühler, berechnender.
Von immer mehr klugen Leuten wurde das Wunder der allumfassenden Technik immer mehr angezweifelt, nach Jahrzehnten der Vollbeschäftigung kriselte es in vielen Branchen, eine gefährliche Rezession setzte ein, plötzlich gab es ein neues Schlagwort – Jugendarbeitslosigkeit.
FALCO führte Jahre später rückblickend einmal über diese Zeit aus: »Ich habe damals mehr oder weniger mitleidig auf meine Kollegen herabgeblickt, die ziellos vor sich hinstudiert haben und mit der Musik nur Lücken in ihrem Leben auffüllen wollten. Ich dachte mir, du lieber Gott, *das* kann doch nicht das Leben sein! Und ich wußte eines sicher – *mein* Leben war es jedenfalls nicht.
Ich wußte schon früh zwei Dinge: Mein Leben würde eng mit der Musik zu tun haben, und ich würde ein erfolgreiches Leben führen. Alles war zwar noch etwas verschwommen, ohne Ziele und ohne eine Priorität, aber ich war mir sicher, daß es irgendwie vielversprechend weitergehen würde.«
Die Spinning Wheel waren keine besonders ambitionierte Band der Subkultur, sondern versuchten, eine griffige Kommerzmusik zu machen und sich mit Auftritten in Hotelbars und Diskotheken das Geld zu verdienen. Anfangs war der Erfolg recht dünn, aber mit der Zeit mauserte sich die Gruppe zu einer der gesuchtesten Bands in ganz Österreich.

Falco vor allem litt darunter, daß er nunmehr zwar viel Geld verdiente – im Schnitt kassieren die Musiker 30 000 Schilling, also mehr als viertausend Mark netto pro Monat, was für sie damals eine beinahe unvorstellbare Menge Geld bedeutete –, aber daß er nicht das spielen konnte, was ihn berührte, sondern daß er mehr oder minder einfache Unterhaltungsmusik machen mußte.

Er ließ sich die Haare wachsen und band sie im Nacken zu einem Pferdeschwanz zusammen. Maria Hölzel war in jenen Monaten natürlich sehr interessiert, wie es mit ihrem Sohn beruflich weiterging. Die Proben, die Auftritte mit den Spinning Wheel und das Studium am Musikkonservatorium nahmen seine Zeit voll in Anspruch, er wurde ziemlich wortkarg und erzählte daheim wenig von seiner Arbeit.

»Ich wußte beispielsweise nicht, daß Hans bei all seinen Freunden bereits Falco genannt wurde. Das verschwieg er mir«, sagt sie.

Maria Hölzel nahm die hochtrabenden Pläne ihres Sohnes ohnedies nicht sonderlich ernst. Für sie war es eher eine Übergangsphase zum Erwachsenwerden, die Hans da mit der Musik überbrückte.

In Berlin hatte er »ein starkes Frontgefühl erlebt, heftiger zumindest, als in jeder anderen Stadt, die ich bis zu diesem Zeitpunkt kennengelernt hatte«, und bei den Touren mit den Spinning Wheel konnte er nun wieder Freiraum tanken. Zwar behagte ihm die Musik nicht sonderlich, aber die Reisen von Engagement zu Engagement gefielen ihm natürlich, und mit der Zeit wird Spinning Wheels zur erfolgreichsten Kommerzband Österreichs. Sie spielen in Kärnten und in Salzburg, in Wien und in Tirol. Einmal lädt Falco seine Mutter ein, sich einen Auftritt anzusehen und ihn zu besuchen.

Maria Hölzel: »Ich fuhr mit einer Freundin im Auto nach Mayerhofen. Ich wußte, daß Hans dort beim Brückenwirt zum Fünf-Uhr-Tee spielte, und auf dem Weg sahen wir auch

schon eine ganze Menge von Plakaten, die den Auftritt der Spinning Wheel ankündigten. Aber das Merkwürdige daran war, daß auf den Plakaten nirgendwo der Name meines Sohnes erschien.
Wir hielten also dann beim Brückenwirt, und ich ging in das Restaurant, um nach Hans zu fragen. Keiner kannte ihn. ›Hören Sie‹, sagte ich, ›Herr Hölzel ist einer der Musiker, der bei Ihnen ein Engagement hat. Ich sah doch bereits die vielen Plakate, die seinen Auftritt mit den Spinning Wheel ankündigen. Wieso kennen Sie ihn nicht?‹
Aber der Restaurantbesitzer blieb dabei, daß kein Hans Hölzel bei ihm abgestiegen sei und schon gar kein Hans Hölzel am Abend auftreten würde.
Zufällig kam der Wolfgang Staribacher dann vorbei und begrüßte mich, und erst er klärte mich darüber auf, daß Hans seinen Namen gewechselt hätte und jetzt FALCO hieße. Tatsächlich war überall auf den Plakaten FALCO als Solist erwähnt.«
Zu der Zeit verliebte sich FALCO auch zum erstenmal heftiger. Seine Auserwählte war die Tochter des Brückenwirts. »Er hat sie mir damals vorgestellt, und irgendwie gewann ich den Eindruck«, sagte Maria Hölzel, »daß er ihr noch weniger gleichgültig war, als sie ihm. Von seiner Seite kühlte die Verbindung recht rasch ab, aber ich denke, das Mädchen fand sich später nicht so schnell mit der Trennung ab.«
Im »Penthouse«-Interview gestand Hans Hölzel: »Meine Persönlichkeit ist ambivalent strukturiert. Auf der einen Seite kaltschnäuzig und goschert, auf der anderen Seite der gutgläubigste Mensch auf der Welt überhaupt. Besonders bei Frauen bin ich sehr gutgläubig. Ich hab' mir die Philosophie zurechtgelegt, Libero bleibt Libero.« Das Interview fand statt, kurz bevor er Isabella kennenlernte, und FALCO hätte sicher ein paar Wochen später ganz anders geredet. Aber damals sagte er noch, was für sein damaliges Leben als Mann galt: »Ich genieße es, mit Frauen zusammenzusein,

aber in Beziehungen stürze ich mich nicht mehr; da bin ich schon ziemlich reingefallen, auf Grund meiner eigenen Schuld und der bereits erwähnten Gutgläubigkeit.« Das sagte er im Frühsommer 1985. Er war bereits ein Star und mußte mehrmals schmerzhaft erfahren, wie viele Mädchen ihm Gefühle vorspiegelten, wo im Grunde nur Gier nach Popularität an der Seite eines Prominenten oder nach Geschenken war. Im Juli 1985 schrieb das österreichische Wirtschaftsmagazin »trend« in einer Vier-Seiten-Story über FALCO zu diesem Thema: »Leicht verdrossen denkt er heute noch an die Cartier-Uhren, Pelze und Steine, die er für totale Bewunderung und ›echt guten Sex‹ unter etliche Girls verteilte. Die Weiber waren echte Profis, sagte er, aber ich war immer zu faul, sie rechtzeitig rauszuschmeißen. Ein Vermögen – sagen wir zwischen ein und zwei Mille – ging für falsche Bräute drauf.«

Davon konnte damals in Mayerhofen im Zillertal allerdings keine Rede sein. Das schlanke, lebhafte Mädchen mit dem kastanienbraunen Haar fühlte sich vor allem durch eine Eigenschaft zu FALCO hingezogen, die sie beide gemeinsam hatten: Er war sorglos, und er wollte sein Leben genießen. Maria Hölzel war an dem Abend, als sie beim Brückenwirt in Mayerhofen FALCO endlich leibhaftig auf der Bühne bewundern sollte, sehr aufgeregt. »Ich konnte ihn mir vor dem Publikum nicht vorstellen. Die erste Zeit, als ich von seinen Konzerten und Livedarbietungen hörte, dachte ich noch: Mein Gott, was soll denn das werden?«

Als sie ihren Sohn dann auf der Bühne sah, war sie wie versteinert. Sie entsinnt sich noch genau, wie glücklich er auf sie gewirkt hatte, er hat richtiggehend gestrahlt. Die Spinning Wheel spielten alle die Erfolgsnummern, die sie damals drauf hatten, und Maria Hölzel wurde von Minute zu Minute stolzer auf ihren Sohn.

»Damals«, erzählt FALCO, »habe ich gar nicht registriert, daß ich bei den Leuten besonders auffiel, ich habe die Solokar-

riere noch nicht forciert. Ich wollte einer in einer Band sein, das genügte mir. Erst viel später dämmerte mir dann, daß ich kein großartiger Gitarrist werden würde, daß ich dazu viel zu faul war und daß mein Instrument immer nur das Mittel zum Zweck blieb. Es war meine Krücke zum Entertainer.«
Hans sah, daß seine Mutter immer als erste mit dem Applaus begann. Natürlich waren das Stolz und Mutterliebe, die sie für den ersten Auftritt, den sie miterlebte, besonders empfänglich machten, aber »es hat mir wirklich auch sehr, sehr gut gefallen«.
Nach der Show bat Hans seine Mutter, noch zu bleiben, weil die Spinning Wheel um Mitternacht immer einen besonderen Auftritt hatten, der dem Entertainment FALCOS auch besser schmeckte als die reine Tanzmusik. »Er sagte mir, ich solle einfach dableiben, und ich würde meine Überraschung erleben, denn er würde auch singen«, erzählt Maria Hölzel. »Ich war einigermaßen konsterniert, denn ich habe ihn davor noch nie singen gehört. Ich wußte zwar, daß er sehr musikalisch war, und er spielte ja schon seit fünfzehn oder sechzehn Jahren Klavier, aber ich ahnte nicht, daß er auch singen konnte.«
Maria Hölzel vertrieb sich bei einem Glas Wein mit ihrer Freundin, die sie begleitet hatte, die Zeit bis Mitternacht. »Als Hans dann mit seiner Band kam, war er verändert. Er hatte eine Gummipuppe in der Hand, als wäre es ein Mädchen. Und er sah die Puppe immer ganz verliebt an und sang dazu ›Püppchen, du bist mein Augenstern. Püppchen, hab' dich zum Fressen gern.‹ Ich war wirklich verblüfft. Ich dachte, mein Gott, der Kerl hat ja eigentlich eine ganz gute Stimme!«
Am Ende trampelten die Zuschauer vor Vergnügen, und Maria Hölzel klatschte stolz heftig mit.

4

Im Mai 1979 hat FALCO 12 000 Schilling – rund 1 600 Mark – zusammengespart. Er lebt sehr bescheiden, fährt einen klapprigen, graulackierten VW Käfer (den es übrigens heute noch gibt, FALCO hat ihn inzwischen seiner Stiefschwester Guggi geschenkt), und der einzige Luxus, den er sich schon sehr früh leistet, ist ein Video-Recorder. Er kommt kaum zum Fernsehen, weil er abends meist auf Tour ist, und wenn er dennoch interessante Filme sehen möchte, muß er sie aufzeichnen.
Er findet es an der Zeit, endlich selbst eine Platte zu produzieren. Mit den 12 000 Schilling in der Tasche geht er in das Plattenstudio Cloude one von Renée Reitz in der Grünangergasse in Wien und spielt zwei Nummern ein. Auf der einen Seite soll »Chance To Dance« sein, eine Eigenkomposition, ein recht unausgegorenes Jugendwerk mit südamerikanischem Einschlag, und dann noch »Summer«. Bei den Aufnahmen begleiten ihn die Spinning Wheel.
Die beiden Songs kamen jedoch nie wirklich auf den Markt, sie schlummern heute noch in irgendeiner Schublade. Auch der Platte, die FALCO mit seiner Band produzierte, bleibt der erhoffte Erfolg versagt.
Immer mehr stößt es ihn jetzt ab, daß er sein Geld damit verdient, kommerzielle Disco-Musik wie »Grease« zu intonieren und nicht das machen zu können, wozu er Lust hat. Er weiß längst – »die Punks waren am Anfang eine rein intellektuelle Strömung, aber die Quintessenz war dann schließlich nur No Future.« Damit bewegten sie sich selbst in eine Sackgasse. Es mußte Leute geben, die sich etwas

FALCO 1979 in Graz

Neues einfallen ließen, und er fühlte sich stark genug, ein paar neue Intentionen mitzubringen.

Zur gleichen Zeit entsteht in Wien eine atemberaubende progressive Art, griffige Unterhaltungsmusik mit Schauspiel und Pantomime zu präsentieren: das 1. Wiener Musiktheater, aus dem sich später die Hallucination Company entwikkelt. Eine pittoreske, aber über alle Maßen talentierte Gruppe von jungen Leuten, die perfektes Entertainment präsentieren und nicht nur in Österreich, sondern beinahe gleichzeitig auch in Deutschland, besonders in München, Aufsehen erregen.

Falco bekommt ein Angebot und spielt bei der Hallucination Company die Baßgitarre. Er hatte sich inzwischen sein langes Haar abschneiden lassen und trug sie etwa so, wie er sie auch heute noch trägt, zurückgekämmt und ohne Scheitel. Die Company trat immer in ausgefallenen Kostümen an, teils verkleideten sich Gruppenmitglieder als Mädchen. Falco trat häufig in grell gestreiften Hosen mit Hosenträgern auf und trug eine große, dunkle Sonnenbrille.

Doch trotz allen Erfolgen fühlte sich Falco mit der Zeit bei der Hallucination Company nicht sonderlich wohl. Einmal sagt er über seine Band-Kollegen: »Das war im Grunde eine Hippie-Renaissance-Band. Es ging da in der Band oft um Gruppenideologien, die ich einfach nicht verstand, weil sie ihren Ursprung lange vor meiner Erwachsenenzeit hatten.« Gemeinsam mit einem anderen Company-Mitglied, Hansi Lang, verließ Falco schließlich die Gruppe. Zuerst wollte er mit Hansi Lang eine neue Band gründen, doch aus irgendeinem Grund zögerte sich die Gründung immer wieder hinaus, und Falco wurde Mitglied von Drahdiwaberl.

Genauso verrückt und ungewöhnlich wie der Name ist die Band an und für sich. Drahdiwaberl ist ein Wiener Dialektausdruck, ins Hochdeutsche übersetzt bedeutet er Kreisel. Aber es ist noch mehr – eine Art Perpetuum mobile, ein Mensch, der sich unermüdlich bewegt und trotzdem immer im Kreis geht. Ein Drahdiwaberl ist etwas, was man nicht ganz ernst nimmt.

Falcos unterschwellige Rebellion gegen die gängige, kommerzielle Musik, die er fünf Saisonen lang mit den Spinning Wheel gemacht hatte, trifft bei Drahdiwaberl auf kongeniale Widerparts. Die Band war alles andere als – wie es Falco später spöttisch nennt – familienfreundlich und pflegeleicht. Es war eine verrufene, anarchische Gruppe, aber es war gleichzeitig auch eine gefeierte »Untergrund-Kultband« (so die kulturpolitische Wochenzeitschrift »Wochenpresse«). Stefan Weber, der Bandleader, erinnert sich später an seine ersten Auftritte mit FALCO: »Er war ganz normal und locker, ein lustiger Bursch.«

»Ich dachte«, so FALCO, »zu der Zeit auch noch nicht ernsthaft an eine Solokarriere. Aber irgendwie hatte ich den Eindruck, daß ich als Entertainer gut ankam. Vom Publikum her bekam ich die Bestätigung, daß ich als Verkäufer besser ankam denn als Musiker. Mein Instrument wurde immer mehr nur das Mittel zum Zweck. Wenn ich zum Beispiel ›Ganz Wien‹ sang, ging ich mit der Baßgitarre nach vorn auf die Bühne, und Stefan Weber trat in den Hintergrund, es war immer eine Riesenshow!«

5

1980 kam für FALCO der ganz große Umschwung. Der Zug, der Erfolg hieß, dampfte damals mit ihm los. Unmerklich für ihn zuerst, aber mit den Wochen immer rascher. »›Ganz Wien‹«, erinnert sich FALCO heute noch ganz genau, »war eine der ersten Nummern, die ich selbst geschrieben habe. Und es wurde gleich ein großer Hit.«
Der Song kursierte im Untergrund, er wurde, mehr oder weniger, zum Synonym der Wiener Szene. Kokain und bewußtseinsverändernde Stoffe gehörten bei der Schickeria dazu, wer etwas auf sich hielt, steckte seine Nase hinein. FALCO textete damals: »Ganz Wien – ist heut' auf Heroin« – die Zahl der Drogenopfer war zwar ein offenes Geheimnis, aber dennoch hatte es bis zum damaligen Zeitpunkt niemand gewagt, in der Szene offen über die ganze Problematik zu reden oder gar zu singen. Noch dazu einer, der nicht im Ruch stand, ein Weltverbesserer zu sein, sondern ein Freak, dem selbst nichts fremd war, der aber dennoch eine gehörige Abscheu vor »all dem Dreck«, dem Heroin, dem LSD, dem Koks, hatte.
Ein paar Jahre darauf, 1985, bebte die Wiener Musikszene ziemlich, nachdem der Bruder des Sängers Rainhard Fendrich wegen Drogenhandel in Haft genommen worden war und auch einige namhafte Künstler von der Polizei verdächtigt wurde, Kokain und andere Drogen konsumiert zu haben. FALCO hatte schon früher seine Abneigung gegenüber Drogen formuliert: »Ich hab' damit einfach nichts am Hut. Ich trinke wie jeder gute Österreicher hin und wieder

Falco und seine Band 1985

etwas zuviel. Jedoch nur, wenn's sehr spät wird. Im übrigen rauche ich 40 Zigaretten pro Tag, und damit ist mein Suchtpotential auch schon erschöpft.«
(Als er 1985 mit seiner Band auf Tour ist, achtet er wie ein Patriarch darauf, daß die Jungens »sauber« bleiben; er sagt: »Ich fahr' wirklich mit dem Brenneisen hinein, wenn ich so etwas bemerke. Wir wissen doch alle aus Hunderten von

Berichten, daß man – wenn man sich solche Drogen reinzieht – über kurz oder lang erledigt ist.«)
Mit seinem aufrührerischen Text von »Ganz Wien« kommt er den Kulturverantwortlichen gerade recht: Das Lied wird auf die schwarze Liste gesetzt, ähnlich wie sechs Jahre später »Jeanny« in Deutschland, darf »Ganz Wien« 1980 im Rundfunk nicht gespielt werden. Aber bei den Live-Auftritten von Drahdiwaberl wird das Lied natürlich heftig beklatscht. Und FALCO fühlt zum erstenmal ganz deutlich, welch berauschendes Gefühl es sein kann, umjubelt im Rampenlicht zu stehen. »Wenn man irgendeinen meiner berühmten Kollegen fragt, ob er im Mittelpunkt stehen wolle, und er sagt nein, dann lügt er. Natürlich geht es um ein gesundes Maß an Egozentrik, wenn man Entertainer wird. Nur muß ich dazu sagen, ich habe mit vier Jahren begonnen, Klavier zu spielen, und damals habe ich natürlich von all der Egozentrik oder dem Wunsch, einmal den Mädchen imponieren zu wollen, nicht viel mitgekriegt.«
Der »Penthouse«-Reporter fragte ihn einmal, wie wichtig es für ihn sei, im Rampenlicht zu stehen, und FALCO antwortete ganz unverblümt: »Sehr wichtig.«
Daraufhin der Reporter: »Du geilst dich daran auf?«
FALCO: »Selbstverständlich.«
Der Reporter: »Bist du ein Narziß?«
FALCO: »Sicherlich.«
Der Reporter: »Und du liebst dich selber?«
Dann FALCO: »Unendlich!«
Der Reporter: »Und was liebst du mehr als dich?«
FALCO: »Meine Fähigkeit, mich selbst zu inszenieren.«
Damals bei Drahdiwaberl im Jahr 1980 fängt er langsam an zu erkennen, daß er nicht nur mit einer Musikgruppe, sondern durchaus auch allein als Entertainer bestehen kann. Er sagt später, er sei der anarchisch gestimmten Drahdiwaberl-Gruppe »ideologisch nie nahe gestanden«, und auch die Band selber betrachtete FALCO mehr oder minder als Außen-

seiter: »Vielleicht waren wir ihm zu politisch oder zu anarchistisch«, zieht Stefan Weber, der Drahdiwaberl-Leader, später Resümee, »vielleicht hat es ihn auch gewurmt, daß die Drahdiwaberl-Partie sein selbstgestricktes Lied ›Ganz Wien‹ immer nur zum Pausenfüller degradierte, weil's halt nicht zum Image der Band gepaßt hat.«

Trotz der heute eher abwertenden Worte war »Ganz Wien« damals ein Hit. »Bei der Nummer«, schrieb die Musikzeitschrift »Rennbahn express«, »flippen alle Leute aus.«

Stefan Weber und seine Band üben auf die Weltanschauung von Hans Hölzel zwar keine nachhaltige Wirkung aus, aber er gerät aus dem Häuschen, als er erfährt, daß Drahdiwaberl einen Plattenvertrag bekommen soll und mit zwar wenig Geld, aber immerhin doch gegen ein Honorar, das die erste LP »Psychoterror« einspielen soll.

Marga Swoboda schrieb einmal in einem Artikel über FALCO: »FALCO ist ein arg glattes Pokerface, aber er setzt nicht auf Karo oder Zero, nur auf Hansi. Andere haben ihn so lange geschmäht, bis er sich hemmungslos zu lieben begann. Seither duldet seine Liebe keinen Widerspruch: Ein kumpelhaft gemeintes ›du Arschloch, du‹, erträgt er nicht, und auch nicht die armselig neidische Bosheit des Musik-Kollegen Wilfried. Seit dem Aufstieg muß FALCO leben wie ein Lotto-König: Alles passiert in Überdosis.«

Dieser *Aufstieg* begann just damals während der Plattenaufnahmen für die erste Drahdiwaberl-Langspielplatte.

Es war purer Zufall oder ein Wink des gütigen Schicksals, je nachdem, wie man es sehen will, jedenfalls traf FALCO da zum erstenmal auf Markus Spiegel.

3. Kapitel

Hallo Deutschland hört ihr mich?
Via Satelliten hört ihr mich?
Hallo, hallo Deutschland hört ihr mich?
Ist da jemand oder täusch' ich mich?

Let me know
Let me know

1

Am Donnerstag, den 20. März 1986, hat sich nachts gegen halb elf eine illustre Gesellschaft rund um den Stammtisch des Restaurants Oswald & Kalb in Wien eingefunden: Da sitzen an dem großen, blankgescheuerten Tisch der Ö3-Reporter Robert Reumann, die Modeschöpferin Brigitte Meier-Schomburg, der Gesellschaftsjournalist Roman Schliesser, Billy Filanowski, Hans Mahr, der Berater von FALCO, Edek Bartz, der Tourmanager, mit seiner Frau, und am Kopfende des Tischs sitzt FALCO.

Er war noch bei einer Veranstaltung im Wiener Hilton-Hotel als Ehrengast gewesen und hatte sich etwas verspätet. Er trug einen der üblichen Jogging-Anzüge, in denen er in den vergangenen Tagen gern herumlief, Tennisschuhe und die blaue Jeans-Jacke darüber.

Die Runde an diesem Abend feierte ein bisher einmaliges Ereignis: FALCO war am Tag zuvor sowohl Spitzenreiter im amerikanischen Billboard als auch in der Cash-Box, den beiden führenden Charts geworden. Nachts gegen halb eins hatte ihn sein Münchner Freund und Manager Horst Bork angerufen:

»Hans, jetzt ist's endlich soweit! Ich habe gerade die Nachricht aus Los Angeles gekriegt, ich gratuliere! Du bist der Erste der Hitparade.«

In den Wochen zuvor hatte sich der Siegeszug von FALCO langsam abgezeichnet, er kam unter die ersten 20, dann wurde er 7., schließlich die Woche darauf 4. mit Trend nach oben.

Hans Hölzel hörte die erfreuliche Botschaft, »aber irgendwie

begriff ich sie wahrscheinlich gar nicht richtig«, gestand er am anderen Tag bei der Feier, »und irgendwie begreife ich sie wahrscheinlich heute auch noch nicht. Klar, ich weiß, daß ich Nr. 1 in den USA bin und daß das vor mir noch niemand mit deutscher Muttersprache oder höchstens Marlene Dietrich geschafft hat, aber ich warte noch darauf, daß *wirklich* die Freude einsetzt.«
Als Bork ihn von der Sensation unterrichtet hatte, meinte er nur: »Hör mal, ich ruf' dich gleich zurück, ich kann jetzt nicht, denn ich muß gerade meine Tochter wickeln.«

Am Anfang ging es darum, groß herauszukommen und später den Durchbruch in Deutschland zu schaffen.
Aber zwischen den ersten umwerfenden Erfolgen und den Tagen im März 1986 lagen Jahre, die Falco Kraft und Substanz gekostet hatten und die ihn, einer Achterbahn gleich, auf höchste Höhen und – beinahe – tiefste Tiefen der Branche schleuderten. Er hatte inzwischen beide Seiten der Medaille kennengelernt und war dabei mißtrauisch geworden. Mißtrauisch gegenüber den Jubelpersern, die sich auf seine Fährte hefteten, den Rekorden, die er erzielte, mißtrauisch gegenüber dem Erfolg im allgemeinen.
Ehe wir zu der Feier in das Restaurant fuhren, saßen Falco und ich eine Weile in der dunklen Hotelbar des Hilton-Hotels. Falco hatte sich so gesetzt, daß die Gäste rundum ihn nicht gleich sehen konnten, und es blieb auch die ganze Zeit relativ ruhig. Er sagte mir: »Es ist komisch, aber wenn ich in mich hinein höre, dann merke ich nichts von dem Glücksgefühl, das ich doch verspüren müßte. Der Erfolg ist nichts im Vergleich zu dem, was letzte Woche passierte, zur Geburt meiner Tochter. Ich sage mir, jetzt bist du die Nr. 1 in den USA. Jetzt müßtest du jubeln oder dich betrinken oder irgend was, aber da kommt nichts. Zufriedenheit vielleicht, daß ein Ziel erreicht ist, das ist alles.«
Wir fahren dann in seinem kleinen Peugeot in die Bäckerstraße, wo schon alles auf ihn wartet. Es hat angefangen zu regnen, und Falco ärgert sich, daß das Auto, das frisch gewaschen ist, jetzt naß wird. Es macht ihm riesigen Spaß, daß der Wagen glänzt und auch der Innenraum vor Sauberkeit strahlt. Wie durch ein Wunder findet Falco direkt vor dem Lokal einen Parkplatz. Als er in das Restaurant tritt und ziemlich eilig, ohne nach links und rechts zu schauen, in das Nebenzimmer geht, wo sich die Gäste für die Feier eingefunden hben, verstummt das geschäftige Summen in dem Lokal mit einem Schlag, und die Leute sehen von ihren Tellern auf.

Udo Proksch, der Besitzer des Café Demel, gratuliert Falco: »Nach Niki Lauda haben wir jetzt den zweiten Weltmeister.« In dem Moment, in dem er sich niedersetzt und die vielen alten Bekannten sieht, ist es Falco, als hätte er das alles schon einmal erlebt. Er sagt: »Alles ist einem suspekt, solange man es nicht probiert und am eigenen Leib verspürt hat, auch der Erfolg.«

Er betont immer wieder, daß er sich über den Erfolg riesig freue, aber er wirkt dabei gefaßt und ruhig. Rudi Klausnitzer, der Chef des Pop-Senders Ö3, sagt in einer Rede, daß Falco für die österreichische Pop-Musik an und für sich eine Menge getan hat, und Falco bedankt sich dann in seiner Ansprache eloquent und weist ein paarmal deutlich darauf hin, daß hier nicht der Erfolg eines Einzelnen gefeiert werden soll: »Eine Platte kann nicht von *einem* Menschen allein gemacht werden, auch wenn der auf dem Cover als Star erwähnt ist. Dahinter steckt die harte, perfekte Arbeit von vielen, vielen anderen, und denen möchte ich jetzt danken.« Insbesondere dankt er an dem Abend Markus Spiegel, der 1980, als Falco noch in der Drahdiwaberl-Band war, sein Talent entdeckt hatte und ihm die Chance gab, eine eigene Single zu produzieren.

Markus Spiegel ist der Gastgeber an diesem Abend, aber er hält sich bescheiden im Hintergrund. Einmal fragte ihn der Journalist Karl Hohenlohe, ob er der »Macher« des Erfolgs von Falco sei. Und Spiegel antwortete: »Das Wort Macher ist ein sehr unangenehmes Wort, sehr plakativ nach außen hin, in der Sache selber aber falsch. Ich habe doch da keine Plastilinfigur, die ich forme. Primär erstreckt sich meine Arbeit auf die Darbietung von Vorschlägen, aber machen tut sich der Künstler selbst.«

Karl Hohenlohe rekapitulierend in der »Wochenpresse«: »Und alles kann Johann Hölzel vorgeworfen werden, aber gemacht hat er sich hervorragend.«

2

Als Drahdiwaberl 1980 von Markus Spiegel das Angebot erhielten, die LP »Psychoterror« zu produzieren, fiel ihm der Typ mit der Baßgitarre auf. Er merkte, daß der Junge, der sich Falco nannte, eine Menge auf dem Kasten hatte. Er war talentiert. Es war ein ungeschliffener Edelstein.
Nun war Falco damals sicherlich kein schüchterner Kerl, er wußte genau, daß etwas Besonderes in ihm steckte und daß er Erfolg haben würde. Er brauchte bloß jemanden, der an ihn glaubte und ihm eine Chance gab.
Falcos Zusammenarbeit mit Spiegel fing nicht ganz unkompliziert an. Markus Spiegel behauptete später einmal ernsthaft: »Ich habe mich um ihn bemüht wie ein Brautwerber.«
Einmal zeichnete Wolfgang Feller im Magazin »basta« ein Porträt von Markus Spiegel: »Markus Spiegel ist Jude – und er bekennt sich auch dazu. Sein Vater ist ein durchaus erfolgreicher Textilkaufmann, der Bruder ist ein durchaus erfolgreicher Banker im Bankhaus Winter.
Er selbst war zunächst ein eher wenig erfolgreicher Journalist bei der Arbeiter-Zeitung, der dort mit 18 Jahren für 1,50 Schilling Zeilenhonorar Filmkritiken schreiben durfte und der sehr rasch erkannte, ›daß man als Journalist im sozialistischen Umfeld nicht gerade prächtig leben kann.‹«
Spiegel stieg mit 22 Jahren aus – oder ein, je nachdem, von welcher Seite aus man es betrachtet. Er wollte nicht mehr bloß über Künstler berichten, sondern selbst Impulse für künstlerische Arbeiten geben.
Mit Drahdiwaberl wagte sich Markus Spiegel – 28 Jahre alt – erstmals daran, eine Platte zu machen. Bis dahin war er ein

Suchender und verdiente das Geld nicht mit der Plattenproduktion, sondern nur im Verkauf der Scheiben: Nach seinem Ausscheiden bei der »Arbeiter-Zeitung« hatte er mit einem 40 000-Mark-Kredit in der Wiener Favoritenstraße einen Plattenladen eröffnet, den er GIG nannte. Das Geschäft lief, und ein Jahr später hatte er bereits GIG-Filialen im 2. Bezirk und im 10. Bezirk.

Drahdiwaberl war in Wien im Jahr 1980 eine Gruppe, an die sich keine »vernünftige« Plattenfirma wagte. Rebellisch, ungepflegt, anarchisch und laut – aber sehr originell.

»basta« schrieb: »Spiegel machte aus den legendären Live-Orgien der Drahdiwaberl die LP ›Psychoterror‹.« Er selbst nannte es spöttisch einmal »mein genialstes Werk!« Immerhin wurden 17 000 Scheiben verkauft und brachten Spiegel für sein mutiges Engagement einen Gewinn von rund einer halben Million Schilling ein.

Was allerdings für ihn viel wichtiger war: Er machte dabei die Bekanntschaft von Hans Hölzel, und für beide sollte damit der Zug zum Erfolg abfahren.

Wolfgang Fellner vermutet in »basta«, daß die Platte »Amadeus«, fünf Jahre nach der ersten Begegnung, Markus Spiegel einen Gewinn von 40 Millionen, »eher aber wohl gute 50 Millionen (Schilling)« eingebracht habe. »basta«: »Trotzdem sagte er beim obligaten Frühstück im Hotel Imperial: ›Ich hab' noch keine Ahnung, was ich mit dem Geld machen werde! Jedenfalls bedacht investieren!‹

Privat lebt Spiegel – vom täglichen Luxus eines 800-Schilling-Abendessens und regelmäßigem First-class-Ticket bei Flügen abgesehen – wie ein Spartaner. Er hat keine Immobilien (und lebt noch in der Wohnung seiner Eltern). Er hat kein Auto, braucht keine Rolex und schon gar kein Landhaus. Auch bei seinen mittlerweile nobel am Kärntnerring 17 residierenden GIG-Records (nur fünf Mitarbeiter) will er vorerst ›auf keinen Fall weiterexpandieren!‹«

Soweit ein Journalist über den GIG-Chef Markus Spiegel.

3

Bei aller Begeisterung, daß ihm jemand einen Solovertrag angeboten hatte, war FALCO noch immer unsicher, ob er den richtigen Weg beschritt. Er kannte die Produktionen von Robert Ponger, der in den Monaten davor mit Wilfried »Nights In The City« und »Telephone Terror« als Produzent und Soundmixer gemacht hatte, und fand Pongers Arbeit ausgezeichnet. Also brachte er Ponger zu Markus Spiegel und antichambrierte bei Spiegel für den Produzenten.

»Damals war ich echt glücklich. Ich habe mir zwar gedacht«, sagte FALCO, »daß ich nicht viel an der ersten ernsthaften Produktion verdienen werde, aber es genügte mir schon, wenn mir jemand die Aufnahmekosten bezahlte.«

Und Markus Spiegel hatte sich nicht nur dazu bereiterklärt, eine Platte mit FALCO zu machen, sondern er war von ihm so angetan, daß er gleich einen Vertrag über drei LP's abschloß.

Robert Ponger schien für FALCO zudem ein Garant zu sein, daß die Studioarbeit, vor allem die schwierige Mischung am Ende, gut vonstatten gehen würde. Später charakterisiert Spiegel seinen Künstler einmal so: »Falco, das ist ein in allen Farben schillerndes Unikat. Immer spannend.«

Etwa zur gleichen Zeit wie Hans Hölzel hat Markus Spiegel noch einen anderen österreichischen Sänger unter Vertrag genommen: Reinhold Bilgeri, einen Vorarlberger Gymnasiallehrer mit einer Blues-Stimme, der vorwiegend englische Texte singt. Im Sommer 1981 spielt Robert Ponger FALCO ein Playback vor, zu dem er die Musik gemacht hat und das

er eigentlich mit Bilgeri im Studio aufnehmen wollte.
Aber Bilgeri hatte abgelehnt, er fand zu der Rap-Musik keine sonderliche Beziehung und wollte lieber etwas anderes machen.
Das Lied war noch ohne Text. Als FALCO die Melodie zum erstenmal hörte, geriet er ganz aus dem Häuschen. Das war es! Das war – so spürte er instinktiv – genau das, was ihm lag.
Er nahm das Band mit nach Hause und textete in kurzer Zeit dazu:

> »*Two, three, four,*
> *eins, zwei, drei*
> *Es ist nichts dabei*
> *Wenn ich euch erzähle die*
> *Geschichte*
> *Nichts desto trotz, ich bin*
> *es schon gewohnt*
> *im TV-Funk da läuft es*
> *nicht. – jah*
>
> *Sie war so jung, das Herz*
> *so rein und weiß*
> *Und jede Nacht hat ihren*
> *Preis*
> *Sie sagt: ›Sugar Sweet, jah'*
> *got me rapp' in to the*
> *Heat!‹*
> *Ich verstehe, sie ist heiß*
>
> *Sie sagt: ›Babe you know,*
> *I miss my funky friends'*
> *Sie meint Jack und Joe und*
> *Jill*

*Mein Funkverständnis
reicht zur Not
Ich überreiß was sie
jetzt will*

*Ich überlege bei mir, ihre
Nase spricht dafür
Während dessen ich noch
rauche
Die ›Special Places‹ sind
ihr wohlbekannt
Ich meine, sie fährt ja
U-Bahn auch –
dort singen's:*

*Dreh dich nicht um –
oh, oh, oh
Der Kommissar geht um –
oh, oh, oh*

*er wird dich anschauen,
und du weißt warum
Die Lebenslust bringt
dich um
Alles klar, Herr Kommissar?
(Hey man, wanna bay
some stuff man?
Did You ever rap that
thing, Jack
So rap it to the beat)*

*Wir treffen Jill und Joe und
dessen Bruder Hip
Und auch den Rest der
coolen Gang*

*Sie rappen hin, sie
rappen her
Dazwischen kratzen's
die Wänd'*

*Dieser Fall ist klar lieber
Herr Kommissar
Auch wenn Sie anderer
Meinung sind
Den Schnee auf dem wir
alle talwärts fahren
Kennt heute jedes Kind.«*

Es wird einer der genialen Texte FALCOS, eine Mischung aus Hochdeutsch, Wiener Slang und Umgangs-Amerikanisch, eine faszinierende Wortwahl mit vielerlei Bedeutung. »Die deutsche Sprache hat, wenn man einen Songtext macht, vielerlei Nachteile. Aber sie hat auch einen eminenten Vorteil gegenüber dem Englischen – es gibt im Englischen nicht annähernd so viele Worte mit so vielen unterschiedlichen Bedeutungen. Englisch, das trifft auf den Punkt, aus der deutschen Sprache kann man da als Texter viel mehr herausholen, wenngleich die Sprachmelodie natürlich lange nicht so treffend für die Pop-Musik geeignet ist, wie die des Englischen.«

FALCO mischt also unbekümmert die unterschiedlichen Idiome, und es gelingt ihm, schon mit dem »Kommissar« ganz eigene Sprachschöpfungen zu finden, die später nicht nur seine Fans, sondern auch Germanisten in Erstaunen versetzen und – teils mit Begeisterung, teils mit Abneigung reagieren lassen soll. »Im Denken eines Unterhaltungskünstlers muß an oberster Stelle stehen«, sagt er, »daß man sein Publikum nicht für dumm verkaufen darf. Ich habe das bei meinen Texten nach kurzer Zeit bestätigt gefunden – die Menschen sind beim Zuhören sensibler, als man gemeinhin annimmt. Vielleicht nicht unbedingt in einem Live-Konzert, wo es doch mit einer erheblichen Lautstärke zugeht, aber wenn sie sich eine Platte kaufen, dann hören sie wesentlich genauer zu, als man meint. Die landläufige Bemerkung, auf den Text hätte man gar nicht sonderlich geachtet, ist Unsinn. Besonders deutsche Texte, die jedermann verstehen kann, müssen *stimmen*. Ich würde es nicht über die Lippen bringen, Kitsch zu singen. Von mir aus mögen das andere tun, und wenn sich Käufer dafür finden, ist es von der wirtschaftlichen Seite vielleicht sogar berechtigt, so was zu machen, aber ich habe überhaupt keine Lust dazu.«

Sogar Kritiker müssen später anerkennen, daß »Falco auf der LP ›Einzelhaft‹ Texte zusammengezimmert hat, die literarisch bleibenden Wert haben und fast genial sind« – so Karl Hohenlohe in der »Wochenpresse« vom 1. Juli 1986.

Er bringt einfach eine neue Attitüde in die eingefahrene deutsche Pop-Musik, sein Einfall, die Idiome verschiedener Sprachen zu mixen, erweist sich nachträglich als Geistesblitz. Nicht ganz so optimistisch wie Falco war seine Mutter, als er ihr den Kommissar zum erstenmal vorspielte: »Ich weiß nicht recht ... irgendwie hat mir die Rückseite, ›Helden von heute‹ besser gefallen. Aber in dem Moment, in dem er es mir vorspielte, war auch eine Freundin von mir dabei, und die hat zugehört und sofort gesagt, daß die Nummer ein Hit wird.«

Der deutsche Journalist Ingo Engelhardt sprach Falco später einmal auf die Doppeldeutigkeit seines Textes in Bezug auf Rauschgift, auf Kokain, auf »Schnee« an. Er fragte ihn: »Du nimmst also nicht für dich in Anspruch, deine Textzeile aus dem ›Kommissar‹ um 180 Grad zu drehen: ›Der Schnee, auf dem wir alle talwärts fahren, kennt heute jedes Kind‹?«

Falco antwortete: »Die kannte damals schon jedes Kind und heute erst recht. Alles, was man nachträglich hinein- und herausinterpretiert, kann ich nicht beeinflussen.«

»Also«, fragt Engelhardt, »war es eine Verarbeitung?«

»Eher ein Abschied, den man immer nimmt, wenn man ein Kapitel ›Leben‹ aufgearbeitet und hinter sich hat.«
Er redet oft über die Zeit dieser ersten Platte, und in gewissem Sinn war der »Kommissar« nicht nur ein Schnitt in seinem Leben, der aus einem Unausgegorenen, Suchenden, einen Superstar machte, er war auch eine Art psychologischer Aufarbeitung einer entsagungsreichen, harten Zeit.
»Am Anfang meines Erfolges«, sagt FALCO, »habe ich sechs Jahre Frust aus mir rausgelassen. Das und der coole, gelackte Kommissar haben ein Image geformt, das ich nicht so schnell wieder los werde, wie sich zeigt.«
Er flippte tatsächlich aus. »Ich war«, sagte er rückblickend, »zwei Jahre im Höhenkoller, und nicht nur, weil ich 160 000 Flugkilometer hatte. Ich sag' dir, wenn du als Newcomer antrittst und so wie ich plötzlich einen Welthit hast – dann bist du ein Fall für den Psychiater.«
Später versuchte er oft in Interviews das Image des blasierten, arroganten Schnösels als gewollte Kampagne abzutun, aber einmal sagte er mir doch: »Es ist eine Tatsache, daß da eine gewisse Blasiertheit war. Ich hab' halt im Zuge des Erfolgs den Mund weit aufgerissen. Erst viel später habe ich bemerkt, daß man, je mehr man sich mit seiner Arbeit profiliert, ruhig die Entwicklung beobachten kann. Allerdings finde ich es genauso dumm, als Schleimer dazusitzen und zu tun, als hätte man von Tuten und Blasen keine Ahnung.«
Er weiß inzwischen: »Ein Rockstar, der nicht die Sau rausläßt, ist kein Rockstar! Der kann sich begraben lassen.«
Im Juli 1985, schreibt das Wirtschaftsblatt »trend« unter dem anzüglichen Titel »Honey, du bist ja gar kein harter Hund« über FALCO: »Die ersten 75 000 Schilling bar auf die Hand haben FALCO fast um den Verstand gebracht. ›Du mußt höllisch aufpassen, daß du kein Trottel bleibst. Die Leute in der Branche legen dich ja nicht rein, sie sagen dir nur nicht, wo's langgeht.‹

Beispiel: Im ersten Fieber stieg FALCO auf einen Vertrag ein, der nur einem Greenhorn passieren kann. Kommerzialrat Hermann Schneider (Gloria Musikverlagsgebäude) und Robert Ponger nahmen ihn gemeinsam über die PS-Edition unter ihre Fittiche und kassierten 40 Prozent aus allen urheberrechtlichen Einkünften. Als Hansi merkte, daß er überhaupt keinen Verleger brauchte, hatte er schon mehr Lehrgeld gezahlt als bei allen Weibergeschichten zusammen.« Soweit das Wirtschaftsblatt.

FALCO spürte zwar von Anfang an intuitiv, daß ihm mit dem »Kommissar« ein großer Wurf gelungen war, aber er konnte natürlich die Tragweite des Erfolges lange Zeit nicht abschätzen: »Ich hab' das Lied sicherlich nicht aus Zufall gemacht, dazu war ich schon viel zu sehr Profi, aber ich verstehe bis heute nicht recht, *wieso* das damals plötzlich losgegangen ist wie die Feuerwehr.«

Ein kontinuierlicher, langsamer Erfolg wäre wahrscheinlich für ihn besser gewesen. Aber das Schicksal, jene Unabwägbarkeit des Plattengeschäfts, die manchmal aus einem Song einen Erfolg und aus einem Hit einen Welthit macht, wollte es anders. Eine Handvoll engagierter Newcomer, die sich um kommerzielle Spielregeln wenig pfiffen, hatte sich hingesetzt und mit dem »Kommissar« einen Hit geschaffen, wie man ihn als Künstler nur erträumen kann – weltweit mehr als 6,5 Millionen Units, das heißt Einheiten, also Singles, LP's, Hitkoppelungen und alle Cover-Versionen; allein die Nummer auf der LP von Laura Branigan verkaufte sich mehr als 1,5 Millionen mal.

»basta« schrieb im Jahr 1986: »FALCOS erste größere Single, ›Der Kommissar‹, wurde nicht nur in Österreich, sondern – damals sensationell – auch in Deutschland Nummer eins, was Markus Spiegel nach heutiger Abrechnung bei der

»Der Kommissar«

Single vier Millionen und bei der dazugehörigen LP eine Million Gewinn brachte.« Dabei ist – versteht sich – von Schilling die Rede.

Einmal fragte man FALCO in einem Interview: »Man erzählt sich in der Szene, daß du beim ›Kommissar‹ im Gegensatz zur Plattenfirma und zum Produzenten das schlechteste Geschäft gemacht hättest . . .«

Er antwortete: »Ich hab' das bekommen, was mir vertraglich zugestanden ist. Und ich bin weder ausgetrickst noch gelegt worden. Mein Plattenvertrag ist nicht der beste, weil ich ihn noch als unbekannter Drahdiwaberl-Bassist abgeschlossen habe, und ich werde nach der dritten LP, wenn er ausläuft, sicher einen besseren verlangen und bekommen, aber der Vertrag ist koscher. Auf einem anderen Blatt steht natürlich, daß bisher überhaupt erst ein Bruchteil der Urheberrechts-Einnahmen vom ›Kommissar‹ abgerechnet wurde. Auf die Urheberrechtsabrechnung aus Frankreich wartete ich vier Jahre.«

Frage: »Was befriedigt dich am meisten – wenn dir eine gute Textzeile gelungen ist, wenn eine Platte fertig gemischt ist oder wenn sich die Verkaufszahlen auf deinem Bankkonto niedergeschlagen haben?«

»Wenn die Platte fertig ist. Aber ehrlich gestanden sind alle drei Sachen recht schön. Dazu muß ich sagen – in dem Moment, in dem man Musik auf Platten preßte, ging das Desaster im Grunde genommen los. Früher haben die Leute in einem Café gespielt und dafür ihr Geld gekriegt. Aber wenn Kunst industrialisiert wird, wird es ein wenig unheimlich. Natürlich ist es wichtig zu verdienen, aber in Wahrheit verdienen alle anderen mehr als der Künstler.

Ich möchte jetzt nicht vom ausgebeuteten Künstler in der Pop-Branche sprechen, das ist ein blödes Gerede, wir verdienen genug Geld, aber die Industrie, der Staat mit seinen Steuern, die verdienen alle viel, viel mehr. Das ist nicht mehr kontrollierbar.«

Frage: »Du könntest ja sagen, ich nehm' kein Geld mehr.«
»Also, bitte gebt mir nichts, würde ich nie sagen.«
Im Januar 1986 beschäftigte FALCO das Urheberrecht sehr, und er nahm sich fest vor, in den Vorstand der österreichischen Urheberrechtsgesellschaft vorzustoßen. »Im Grunde«, sagte er damals zynisch, »gehört mir ja eh schon deren halbes Haus. Da sitzt die Witwe von Robert Stolz drinnen, warum soll nicht mal ein junger Typ wie ich dazukommen?«
1981 und 1982, als der »Kommissar« beinahe jede Minute irgendwo auf der Welt auf einem Plattenteller gelegt wird – sogar in Guatemala war es ein Hit, »die zahlen dort aber leider nicht in Dollar, sondern in Kaffeebohnen« –, fängt FALCO bewußt an, bei Interviews seine blasierte Überheblichkeit deutlich zu machen: »Diese Arroganz war die Personifizierung des ›Kommissars‹ und ein Zeichen der Zeit. Die Zeit war sehr kalt, sehr geschliffen, eisig.«
Andererseits kam ihm die Verhaltensweise – das Sich-Abkapseln – gerade recht. Er wollte niemanden an sich ranlassen, die Arroganz war eine Art Selbstschutz. »Ich war im Grunde genommen nicht größenwahnsinnig geworden, wie man mir oft vorwarf, sondern unsicher. Man frustriert an den ganzen Mechanismen des Showbiz, und daraus resultiert eine gewisse Fatzkehaftigkeit.«
Marga Swoboda schrieb in einem FALCO-Porträt, daß ihn die erste selbstverdiente Million auch unheilbar krank machte. Da war die »Angst vorm Fallen, weil du noch weißt, wie es unten war. Also mußt du immer höher fliegen.
Hansi ist gelernter Angsthase. Er gibt Gas, wenn die Maschine brennt, ihm wachsen beim Stürzen Flügel. Seinen Trip hemmt kein Schamgefühl: Geld und Bewunderung sind das Credo, und bitte nicht zu knapp.«
Zur grenzenlosen Verwunderung seiner österreichischen Kollegen läuft die Platte nicht nur in der Heimat und im benachbarten Ausland, plötzlich kommen Erfolgsmeldungen aus den USA. Etwas, das noch nie da war!

»Die Wahrheit ist, ich war der erste Sänger mit einem deutschsprachigen Hit da drüben – und die wollten mich halt vorzeigen, und ich hab' das in aller Professionalität durchgeführt. Ich hab' dort das Türchen aufgemacht für Leute wie Peter Schilling oder Nena.«
Er ging zu einigen Talk-Shows in die USA und war insgesamt rund ein halbes Jahr in Amerika, um für seine Platte Public-Relations zu machen. Die deutschsprachige Version vom »Kommissar« gelangte bis zum Platz 72 der amerikanischen Charts, und »die englischsprachige Version von ›After The Fire‹ auf Platz drei, was ungefähr gleichbedeutend ist mit mindestens zwei Millionen verkaufter Singles.«
In Los Angeles allein wurden sogar drei Kneipen in »Der Kommissar« umgetauft.

4

Man darf sich nicht vorstellen, daß sich FALCOS Status bei allem Erfolg über Nacht grundlegend verändert hätte. Er selbst begreift erst ganz langsam die Tragweite des Triumphes, und eine ganze Weile, nachdem der »Kommissar« bereits auf dem Markt ist, tritt FALCO hin und wieder immer noch mit den Spinning Wheel auf und spielt Disco-Musik.
»Man hat die Spinning Wheel damals oft den kommerziellen Ableger von Drahdiwaberl genannt«, sagt Horst Bork, FALCOS heutiger Geschäftspartner und Manager, »aber das wäre ungerecht den jeweils anderen Band-Mitgliedern gegenüber.« Jedenfalls – FALCO und sein Freund Peter Vieweger traten sowohl da als auch dort auf, bis FALCO 1981 erkannte, daß er das Netz einer kommerziellen Gruppe nicht mehr brauchte, um Geld zum Leben zu verdienen.
Er konnte allein als Entertainer bestehen.
Damals etwa traf Horst Bork, heute 37 Jahre alt, erstmals Hans Hölzel. Und er erinnert sich noch ganz genau an die Begegnung: »Es war im Hilton-Hotel in München, FALCO war noch bei Drahdiwaberl, und ich erinnere mich, daß er bei unserer ersten Begegnung einen Hut trug und eine Aktentasche in der Hand hatte. Wir sagten damals Sie zueinander, was in der Branche gar nicht üblich ist, sondern eher besondere Distanziertheit verrät.«
Diese Vorsicht, dieses Abwarten bei einem Fremden, hat FALCO bis heute beibehalten. Horst Bork, der ihn vielleicht besser kennt als die meisten anderen Menschen, charakterisiert ihn so: »Er ist allen Dingen gegenüber, die ihm das Leben oder den Erfolg leicht machen, mißtrauisch. Da

vermutet er Fußangeln. Er hat den richtigen Instinkt und eine große Ungeduld, er hat Charisma und einen gesunden Ehrgeiz – diese Paarung aus Talent und Arbeit, aus Kraft und Glück machen wahrscheinlich das Besondere seiner Persönlichkeit aus.«

All diese Charaktereigenschaften sind nicht nur angeboren, sie sind zum Teil auch Folge der wechselhaften Jahre, die dem großen »Kommissar«-Erfolg hinterherkamen.

Eine Journalistin schreibt: »Millionen sind abgefahren auf diesen Typen, auf diesen schmerzfreien Lederkerl. In L. A. haben sie Lokale nach FALCOS Hit getauft, in Österreich geht man im Fasching als Kommissar. 250 000mal verkauft sich die erste LP – zu einer Zeit, da man deutschsprachige Interpreten ab 100 000 auf Händen trägt. Die Produktionskosten lagen mit 300 000 Schilling weit unter der Ramschgrenze – 700 000 Schilling kostet heute schon jeder Flop.«

Und jeden Tag hagelt es neue Erfolgsmeldungen: Im November 1981 ist FALCO Nummer eins in Österreich, zwei Monate darauf die Nummer eins in Deutschland. Peu à peu kommt FALCO im Frühjahr 1982 beinahe in ganz Europa an die erste Stelle der Charts. Er gelangt in die Top 100 der US-Charts, kriegt Gold in Kanada. Er sagt später: »Nach den 6,5 Millionen verkauften Einheiten lastete ein Druck auf mir, unter dem es mir unmöglich wurde, zu arbeiten.«

»Er hat plötzlich eine übermächtige Verantwortung in sich gefühlt, die ihm zu schaffen machte«, diagnostiziert sein Freund Billy Filanowski die damalige Zeit. Billy und Hans kennen einander seit den ersten Begegnungen vom Voom Voom 1975, doch die Freundschaft wurde nach FALCOS »Kommissar«-Erfolg besonders eng. Hans, von Natur aus mißtrauisch, sah sich plötzlich von Schulterklopfern und Jubelpersern umgeben, die ihm Angst machen. Horst Bork beschreibt es so: »Er spürte plötzlich am eigenen Leib das Sprichwort, daß man in guten Zeiten viele Freunde habe.« Plötzlich äußerte man sich nicht mehr kritisch, sondern

8 x Gold für »Rock Me Amadeus«

»Junge Roemer in Amerika« – das FALCO-Special entstand

als Gemeinschaftsproduktion des Österreichischen mit dem Bayerischen Rundfunk

Ein Teil der Aufnahmen zum »Special« wurde auf einem Flugzeug-Friedhof in der Wüste von Nevada gedreht

ARD-Wunschkonzert in Nürnberg: Dagmar Berghoff, FALCO, Mireille Mathieu, Max Schautzer (v. l.) Für das »Weihnachtsmärchen« des ORF singt FALCO hoch auf dem Kamel seinen Hit »Amadeus«

Probe für die Live-Tournee, die am 31. Oktober 1985 in Wien begann

Prominenter Gast von FALCO und Freundin Isabella ist Wiens Bürgermeister Helmut Zilk

Falco und Isabella auf dem Wiener Opernball 1986

▲ Isabella, FALCO, Österreichs Bundeskanzler Fred Sinowatz, Dagmar Koller und Ehemann Helmut Zilk (v. l.) auf dem Wiener Opernball

▼ Zum ersten Mal wird in Wien der Pop-Oscar verliehen – er geht an FALCO

kriecherisch, FALCO wurde zu jedermanns Darling – und das haßte er.

»Und dann traf ich im Fitneß-Studio den Billy wieder, und da wir uns zufälligerweise zur selben Zeit von unseren Freundinnen getrennt hatten und solo waren, gingen wir abends öfter mal gemeinsam aus.«

FALCO über Billy: »Er ist mein bester Freund im Leben, er ist der Sohn einer gutsituierten Tuchhändler-Familie. Ich kenne viele Söhne, die das im Hauptberuf sind, aber bei Billy ist es anders. Er macht etwas aus seinem Leben, er ist diszipliniert, körperbewußt, ein Supersportler.«

Hans selber hat immer mehr Probleme mit seiner Fitneß: »Ich habe, besonders wenn ich hart an einer Platte arbeite, einfach nicht die Disziplin, meinen Körper zu quälen, ich weiß, daß das manchmal bloß eine Ausrede ist – aber ich schaffe es einfach nicht.«

Billy Filanowski, der früher in der österreichischen Eishokkey-Jugendauswahl spielte, der ein begeisterter Squash-Spieler ist und Drachenflug betreibt, imponiert FALCO in gewisser Weise. Es ist das, was Hans fehlt: »Ich schwimme zwar gern – und früher auch recht viel –«, meint FALCO, »aber zum Beispiel das Laufen ist mir viel zu fad, das kann ich nicht, genauso Radfahren – nicht meine Sache! Wenn ich mich zusammenreiße, dann mache ich Kraftsport. Billy wollte mich schon öfter mal zum Drachenfliegen ermutigen, aber da fehlt mir dann doch das letzte Quentchen Mut.«

»Er sagt dann einfach«, erzählt Billy Filanowski, »er könne sich in seinem Job ein gebrochenes Bein oder einen gebrochenen Hals nicht erlauben.« Billy fing in Rio mit dem Drachenfliegen an: »Ich bin tagelang am Strand gelegen und habe immer wieder diese Drachenflieger gesehen, und da wurde der Wunsch in mir immer stärker, es auch einmal zu versuchen. Ein Freund von mir, der in Kitzbühel gelebt hat und sich im Winter 1985 umbrachte, gab dann den letzten Anstoß zum Drachenfliegen, er wollte es auch probieren.

Die ersten hundert Flüge waren wahrlich kein Vergnügen, da versucht man, so schnell wie möglich wieder herunterzukommen. Aber dann, so etwa nach dem hundertsten Start, ist man bloß noch von dem Wunsch beseelt, in der Luft zu bleiben. Ich kann mir nicht vorstellen, daß ich es irgendwann einmal aufgeben werde.«

Billy überredete Hans zum Squash-Spiel: »Mir imponiert es«, sagt Hans, »weil es ein Instant-Sport ist, man muß nicht erst lange Zeit Regeln und Schlägerhaltung trainieren, sondern man kann schon nach einer kurzen Weile ganz passabel spielen. Nach zwei, drei Stunden trifft man bereits den Ball so, wie man es will, man bewegt sich rasch und kommt ins Schwitzen, es geht auch viel schneller als beim Tennis, und wenn man mal einen Ball verschießt, braucht man nicht erst stundenlang danach zu suchen.«

FALCO und Billy sind abends öfter im Camera unterwegs, einem Lokal im 7. Bezirk, und dem Montevideo im 1. Bezirk. »Wir sind auch«, erinnert sich Billy Filanowski an die Zeit vor fünf oder sechs Jahren, »öfter vegetarisch essen gegangen. Wir waren oft jeden Abend im Sidharta essen.«

FALCO war plötzlich ganz besessen vom vegetarischen Essen und der Vollwertkost. Er lernte Willy Dungl kennen, den Gesundheitspapst, der früher einmal die österreichischen Skispringer betreute und dann Niki Laudas Gesundheits-Guru wurde, als dieser sich wieder entschloß, Formel-1-Rennen zu fahren. »Willy Dungl«, sagte FALCO damals, »kann einen unglaublich stark motivieren, er weiß genau, was man braucht, um gesund zu leben.« FALCO versuchte, sich den strengen Regeln des Eß-Papstes zu unterwerfen, aber es gelang ihm nur für kurze Zeit: »Ich schaffe es beispielsweise nicht, am frühen Morgen als erstes einen Salat oder ein kaltes Müsli zu essen, oder Milch oder Joghurt zu trinken, das kann ich nicht.«

Jahre später versuchte er sein Glück dann mit der Weight-Watchers-Methode, und das bekam ihm besser: »Wenn man

so viel unterwegs ist wie ich, muß man sich anpassen. Und das Weight-Watchers-Menü ist dafür einfach geeignet, man muß nicht immer einen dicken Essens-Koffer mitschleppen und Kalorien zählen.«
Offensichtlich beeinflußt Billy Filanowskis Lebensart Hans Hölzel deutlich: »Ich bin einer«, meint FALCO, »der in der Frühe aufsteht, in den Spiegel schaut und sagt, du fauler Kerl, du hast schon wieder ein Doppelkinn, weil du säufst wie ein Loch und alles in dich reinhaust und nicht auf dich achtgibst. Ich bin nie zufrieden mit mir, oder, sagen wir besser, ich bin nur sehr selten mit mir zufrieden.«
Mit zunehmender »Falcomania« erbost es Hans immer mehr, daß man ihm sein Privatleben nicht läßt. »Es war einfach viel zu viel für mich. Ich hatte alles satt. Ich war satt von der Promotionskiste, satt von den Interviews, den Fragen, den Antworten. Alle wollten etwas von mir.«
Hans Hölzel stellte sich schon als Kind quer, die herkömmlichen Jungenfreundschaften machten ihn mißtrauisch. Noch mehr zweifelte er jetzt an der Ehrlichkeit der Bewunderer in seiner Branche. »Die Leute, denen ich wirklich vertraue, das müssen keine Übermenschen sein«, sagt er, »aber sie müssen mir ihre Freundschaft viele Jahre lang beweisen. Das geht nicht von einem Tag zum anderen.«
Wenn er die Monate damals, nach dem großen »Kommissar«-Erfolg, rekapituliert, sagt Billy Filanowski über seinen Freund FALCO:
»Er wurde eigentlich immer argwöhnischer, und mitten im größten Jubel und in der höchsten Freudenstimmung war schon der Wermutstropfen, die Frage, wie es entsprechend weitergehen würde.«
FALCO: »Das ist ja logisch. Ich hatte den irrsinnigen psychologischen Druck, jetzt keinen Flop zu produzieren. Ich hab' danach an einem Text allein einen Monat gearbeitet – um ihn dann wegzuwerfen. Ich hatte einfach Sorge, daß er nicht gut genug sei. Ich machte mir nur Gedanken, noch besser zu

werden, es war verrückt, denn dadurch wurde alles nur synthetischer, kälter.«

Billy: »Er ist mit der Zeit exzessiver geworden, das ist klar, das bringt sein Beruf mit sich, aber er hat sich charakterlich nicht verändert, er ist immer noch der ehrliche Kerl, dem man vertrauen, auf den man zählen kann. Und selbst heute, wo er mit seiner Freundin ein Kind hat und ich fest gebunden bin, glaube ich, daß uns Frauen nie auseinanderbringen werden. Freundschaft heißt doch, einen anderen Menschen verstehen.«

FALCO drückte das einmal ganz prosaisch aus: »Wenn ich den Billy anrufe und sage, hör mal, ich sitz' gerade da und da und ich habe kein Geld mehr und einer hält mir eine Pistole ins Genick, dann wird der Billy sofort herflitzen. Und nicht, weil ihm daheim langweilig war, sondern weil das meiner Meinung nach zu einer Freundschaft dazugehört.«

Einmal begann ein Gast in der Discothek U4 in Wien, einem ganz verrückten, ausgeflippten Underground-Laden, Streit mit Hans. Billy Filanowski: »Ich habe anfangs nicht weiter darauf geachtet, aber dann wurden die beiden immer lauter, und ich sah, wie der andere ein Glas über die Kleidung von Hans ausschüttete. Hans kann manchmal recht aggressiv werden, ohne daß er aber wirklich zuschlägt. Er hat nie gelernt, sich richtig zu klopfen und deshalb ist er dann auch hilflos, wenn er auf jemand trifft, der's kann.«

Billy, der früher geboxt hat, mischt sich dann ein. »Er ist ein ganz friedliebender Mensch, aber wenn ihn jemand richtig in Rage bringt, dann kocht seine Aggressivität über, und er denkt gar nicht daran, ob er bei einer Schlägerei auch nur eine Chance haben würde. Wenn er eine Stinkwut hat, legt er sich mit allen an«, charakterisiert Billy Filanowski FALCO.

5

Der Ruhm schränkte ihn ein, aber er brachte auch die Möglichkeit zur Kompensation mit sich: Geld. Ein halbes Jahr, nachdem er mit Markus Spiegel seinen ersten Vertrag gemacht hat, klingelt die Kasse: »Zwar glauben die meisten Menschen, daß ich viel, viel mehr verdiene, als es tatsächlich ist«, meint FALCO. Doch das, was hereinkommt, ist jedenfalls mehr, als er zu Zeiten von Spinning Wheel, Hallucination Company und Drahdiwaberl noch zu träumen gewagt hätte.
FALCO genoß seinen Status und das viele Geld, aber nach einem kurzfristigen Höhenflug blieb er – bis heute – mit beiden Beinen auf dem Boden: »Wenn du von Null in ein paar Monaten auf eine Million kommst, dann packt es dich. Irgendwie denkst du dir dann halt, da müssen jetzt die Mercedes auffahren, die Diamanten, die Luxusdinger.« Er kauft sich tatsächlich einen Porsche und einen Mercedes und fängt auch an, seine Mutter zu verwöhnen. Er kauft ihr Schmuck und teure Teppiche, und wenn jemand darüber redet, wischt er die Geschenke mit einer spöttischen Bemerkung weg: »Nicht der Rede wert, ich reichere bloß mein Erbe an.« Genausowenig, wie er es mag, von anderen ausgenommen zu werden, mag er es, als Wohltäter hofiert zu werden. Trotz seines unglaublichen Ruhms blieben seine Wurzeln im Grunde unerschüttert. »Er ist heute«, attestiert ihm sein Freund Billy, »immer noch ein sparsamer Mensch, er schaut auf jeden Schilling. Er haut das Geld nicht zum Fenster raus, wie das andere Leute vielleicht tun würden.« Einmal sagt FALCO halb im Spaß: »Ich habe nur wenige

Vertrauensleute, und ich bin wiederum auch nur wenigen Menschen gegenüber treu. Im Beruf sind mir jene am liebsten, die mich dafür bezahlen, daß sie für mich arbeiten dürfen.«
Später fängt er an, immer häufiger Geld zu verschenken. Er versucht diese Spenden zwar immer zu verschleiern, aber hin und wieder kommt es doch ans Licht, wenn er jemanden etwas gegeben hat. Beispielsweise wird er im Juni 1986 in Österreich mit dem Goldenen Pop-Amadeus geehrt, einer Art österreichischem Musik-Oscar, der in einer bombastischen Zeremonie verliehen wird und mit rund 15 000 Mark verbunden ist. Neben dem Hauptpreis gibt es noch eine ganze Reihe von Gewinnen für die beste Nachwuchsband, die beste Komposition, das beste Platten-Cover. Unter anderem ist für das Cover auch eine Platte nominiert, die von Mitarbeitern des Dialyse-Zentrums des Krankenhauses in Horn in Eigeninitiative gemacht wurde, um Geld zu sammeln. Den Sieg für das Cover trägt die Platte von Hans Krankl davon, und als FALCO hört, daß die Leute vom Krankenhaus leer ausgehen, gibt er ihnen spontan seinen Geldpreis.
Aber: »Natürlich singe ich nicht, weil ich als Pop-Star die Mädchen leichter rumkriege oder irgendeine Lebensphilosophie an den Mann bringen möchte, sondern weil es dafür Geld gibt.« Und er hat im Grunde genommen seine Kollegen nie verstanden, die vornehm vom Geld geschwiegen haben – und dann nichts kriegten oder alles verloren.
Viele Pop-Stars, die über Nacht zu Ruhm und Kapital gekommen sind – auch große Stars wie Mick Jagger –, warfen ihre Tantiemen zum Fenster hinaus oder ließen sich von windigen Beratern übers Ohr hauen. Manche waren am Ende der Karriere so arm wie zu Anfang. »Ich denke, daß viele es später bitter bereuen, wenn sie sich am Anfang zu gut dafür sind, sich um ihr Geld zu kümmern und das immer anderen überlassen, bis endlich alle mitgekriegt haben, daß

sie vom Geld ohnedies nichts verstehen. Wenn ich einmal über Verlustzuweisungsprojekte oder den Goldpreis rede, heißt es sofort: Sag' mal, bist du eigentlich Musiker oder Anlageberater? Ich finde da nichts Schlimmes daran, wenn ich mich bemühe, legal meine Existenz zu sichern und mich damit zu beschäftigen, daß mein Geld nicht weniger wird.«
Er überlegt eine Weile, ob er sich nicht ein eigenes Haus in Wien bauen soll, aber dann kommt er von der Idee wieder ab. »Ich seh's doch schon an meiner Wohnung. Da sperre ich die Tür hinter mir zu, wenn ich wegfahre, und trotzdem gibt's immer wieder Probleme, wenn ich heimkomme. Da rinnt ein Wasserhahn, dort ist der Kühlschrank kaputt, nicht auszudenken, was man für Sorgen mit einem großen Haus haben muß. Das will ich nicht.«
1982 wurde es FALCO jedoch in der kleinen Wohnung, die er von der Großmutter geerbt hatte, zu eng. »Er hat mich dann gebeten, ihm eine Wohnung zu suchen«, erzählt Maria Hölzel, FALCOS Mutter. »Er hatte einfach keine Zeit, sich selbst Objekte anzusehen, und er sagte, ich wüßte doch ohnedies ganz genau, was ihm gefiele, also könnte ich doch ebensogut eine Wohnung für ihn mieten.«
Maria Hölzel nahm die Sache sehr ernst. Sie setzte sich mit Dutzenden Maklern in Verbindung, studierte die Immobilienanzeigen in den Tageszeitungen, bis ihr schließlich im 7. Bezirk eine schöne Altbauwohnung im dritten Stock eines Jugendstilhauses angeboten wurde. »Ich fuhr hin und war sofort von der Wohnung angetan«, berichtet sie, »der hintere Trakt der Wohnung geht in einen parkähnlichen Innenhof. Wenn man das Badezimmerfenster öffnet, sieht man direkt auf einen alten, großen Nußbaum. Und ich stellte mir vor, wie dieser Baum im Winter voller Schneehauben sein würde, ich dachte, das ist gerade das richtige für Hans!«
Hans Hölzel hatte es ziemlich eilig, eine neue Wohnung zu finden: Seine Adresse stand im Wiener Telefonbuch, und auf dem ersten Höhepunkt seiner Karriere wurde die Ziegel-

ofengasse regelrecht zum Wallfahrtsort seiner Fans, die von überall herkamen, um zum Wohnhaus von FALCO zu pilgern. Die Haustür war nicht verschlossen, und die Eingangstür hatte – wie in vielen Wiener Mietshäusern üblich – zwei Milchglasscheiben, durch die man hindurchgucken konnte, wenn in der Wohnung Licht brannte. »Und ich sah draußen die Leute vor der Tür herumstehen und hereinschauen, da hab' ich regelrecht die Paranoia gekriegt. An einigen Wochenenden war es so schlimm, daß ich das Haus in der Ziegelofengasse verließ und irgendwo anders hinging, Hauptsache weg von den Fans.«

Maria Hölzel: »Eines Tages fuhr ich mit Hans dann in den 7. Bezirk, nahe dem Westbahnhof, wo ich die neue Wohnung gesehen habe. Er war, wie ich es erwartete, sehr davon angetan. Er sagte gleich: ›Schau, Mutti, hier vorn mach' ich mir ein eigenes Studio – da richte ich den Salon ein und hinten, in den Garten raus, kommt das Schlafzimmer, ich nehm' die Wohnung sofort.«

Er war ganz aus dem Häuschen und wäre am liebsten sofort eingezogen, aber es waren noch einige andere Interessenten da, und so sollte es einige Monate dauern, ehe der Mietvertrag abgeschlossen werden konnte. Als es dann schließlich soweit ist, fängt er wie besessen an, seine neue Wohnung einzurichten: Er wählt eine blaßblaue Tapete für den Flur aus, dazu eine Sitzgruppe mit einem Tisch aus der großen Zeit der Wiener Werkstätten. Im Flur hängt er die Trophäen auf, die sich bereits angesammelt haben – die Goldene und die Platine Schallplatte von »Einzelhaft«. Die ganze Wohnung erhält einen grauen Spannteppich, und darüber liegen kreuz und quer, teure Perserteppiche, die FALCO eine Zeitlang sammelte.

In der Enge seiner letzten Bleibe hat er die Überfülle hassen gelernt, also läßt er jetzt, auf 150 Quadratmetern, viel Platz: Ein Schreibtisch, der Fernsehapparat mit dem alten Video-Recorder daneben im Wohnzimmer, eine lederbezogene Couchgarnitur mit einem Sessel, der per Knopfdruck in die Höhe und im Winkel der Lehne verstellt werden kann. Er war sofort FALCOS Stammplatz.

Unter der Platte seines achteckigen Wohnzimmertisches verbirgt sich eine kleine Hausbar. Eine Jugendstil-Sitzgruppe und ein paar Pflanzen, sowie ein stets spielbereit aufgestelltes Schachbrett ergänzen das Interieur der Wohnung.

In einer FALCO-Sonderausgabe schreibt die Wiener Pop-Zeitschrift »Rennbahn express« im Oktober 1985: »Prunkstück der Wohnung aber ist das schalldichte Musikzimmer, dessen Lärmisolierung allein rund zehn Quadratmeter Fläche verschlungen hat. Ist die weiße Flügeltür geöffnet, dröhnt in Überlautstärke Musik in der ganzen Wohnung. Wird die Tür geschlossen, ist gerade die Baßtrommel noch als leises Klopfen hörbar.

Eine einen Meter große, von innen beleuchtete Glaspyramide bringt Licht ins Dunkel, wo eine Gitarre, eine Baßgitarre, zwei Fitneß-Geräte für die Armmuskulatur und ein paar Platten an der Wand lehnen. Auf dem Glastisch steht FALCOS rotes Telefon neben dem Anrufbeantworter, der allerdings nie eingeschaltet wird. Ist der Falke zu Hause und will er seine Ruhe haben, drückt er auf einen Knopf, und das Läuten hat ein Ende. Ist er nicht zu Hause, so hat er nachher keine Lust, die 80 Anrufe, die regelmäßig auf dem Band gespeichert waren, abzuhören. Also läßt er's gleich sein. Wer was von ihm will, der wird sich schon wieder melden. Aus dem Eck blinzeln ein Dutzend Bücher: über Ägypten, über Rom, ›1 000 Tips für Spanien‹, ein Fitneß-Buch von Willy Dungl und – ganz neu und noch ungelesen – die ›Hollywood-Star-Diät‹!
Am Yamaha-Piano an der Fensterfront klebt ein ›I love Money‹-Sticker, darauf steht ein Korg Poly 61-Synthesizer, links und rechts stehen zwei quadratmetergroße JBL-Boxen. Genau über dem Piano hängt ein TV-Monitor, der an den Videorecorder im Wohnzimmer angeschlossen ist.«
Das Schlafzimmer hat FALCO goldgelb tapezieren lassen, die Rückwand des Bettes ist mit einem kostbaren Stoff im Artdeco-Stil bezogen. Auch im Schlafzimmer hat er ein Telefon, einen Fernsehapparat und einen Video-Recorder. Dazu dicke, dunkle Übergardinen vor den Fenstern, die den Tag zur Nacht machen, wenn der Langschläfer FALCO bis zum späten Vormittag schlafen will. Eine Klimaanlage schafft auch im heißesten Sommer angenehme Raumtemperaturen ...
Hans versuchte lange Zeit, seine Mutter dazu zu überreden, in seine Nähe zu ziehen: »Als einmal die Nachbarwohnung frei wurde, ließ er nicht mehr locker. Aber ich wollte nicht in die Stadt. Ich fühle mich hier am Rande Wiens viel wohler. Mit der U-Bahn ist man rasch überall, ich fahre gern mit der Trambahn oder der U-Bahn.

Als ich hierherzog, war Hans der 22. Bezirk höchst unsympathisch. Ich hätte auch wieder in das Haus in der Ziegelofengasse ziehen können, das anstelle unseres alten Wohnhauses wiederaufgebaut worden ist, aber ich mag nicht. Ich will nicht weg von hier.«
Die lebhafte, mittelgroße, dunkelhaarige Frau wehrte sich erfolgreich, wieder umzusiedeln. »Ich bot ihr ein parmal an, ihr eine eigene Wohnung zu kaufen, weil ich kein gutes Gefühl dabei habe, wenn sie so weit draußen lebt. Teilweise spielen sich in der Gegend üble, kriminelle Dinge ab, die mich um ihre Sicherheit fürchten lassen. Aber was soll ich machen? Sobald ich damit anfange, sagt meine Mutter, das sei doch Unsinn. Sie sagt: ›Ich komme mit allen Leuten dort gut aus, man achtet mich, und man hat mich gern. Warum sollte ich wieder woanders hinziehen?‹«
Durch das lange Alleinsein ist sie sehr selbstsicher geworden, sie hat einen großen Bekanntenkreis und genießt es sichtlich, wenn sie als FALCOS Mutter anerkannt wird. »Am Anfang«, sagt FALCO, »versuchte ich meine Mutter aus dem ganzen Trubel herauszuhalten, weil ich dachte, daß sie das belasten würde. Aber mit der Zeit merkte ich, daß es ihr im Gegenteil Spaß macht. Jetzt gibt sie hin und wieder Interviews und lernt durch mich eine Menge Leute kennen, und ich bin froh, daß das so ist.«
Maria Hölzel machte sogar bei der Live-Rundfunksendung, »Freizeichen« in Ö3 mit. Sie kennt kaum Lampenfieber und gibt schlagfertig und ehrlich Antwort. Am meisten wurde sie wohl gefragt, was sie gefühlt hat, als sie FALCO zum erstenmal im Fernsehen sah, und sie antwortete dann immer: »Zuerst hab' ich ziemlich gezittert, aber diese Zeit ist längst vorbei. Wenn er heute irgendwo auftritt, dann weiß ich, daß es hinhauen wird. Wissen Sie, man wächst als Mutter automatisch mit der Karriere eines Kindes mit. Und für mich ist er halt immer mein Bub, für mich ist er nicht FALCO, sondern für mich bleibt er der Hansi.«

6

Die Wohnung, die FALCO seit 1982 bewohnt, kostet ihn 4000 Schilling – umgerechnet 550 Mark – Monatsmiete. »Eine teurere«, sagt er heute, »brauche ich nicht.« So sehr ihn anfangs die Macht des Geldes faszinierte, so gleichgültig ist ihm das Geld inzwischen geworden: »Ich habe mit den Jahren festgestellt, daß es nichts Verachtenswerteres gibt als käufliche Menschen. Und deshalb habe ich Geld, das Stück Papier, einfach zu dem degradiert, was es ist: ein Stück Papier. Ich bin nicht einer, der denkt, er müsse jetzt einen Lamborghini fahren, weil er Geld hat, oder der Woche für Woche seinen Kriecherfreunden ein Fest gibt, damit sie ihm zujubeln können, ich versuche, mein Geld mit Hirn anzulegen.

Wenn ich mir einmal einen Luxus erlaube, dann den, Geld ziellos auszugeben. Ich träume halt den Traum von einem Sack, in dem immer wieder etwas drinnen ist, und ich träume davon, immer ein paar Pfennige mehr zu besitzen, als ich brauche.«

Am Tag, an dem seine Tochter geboren wurde, verlor FALCO in all der Aufregung und auch schon ein wenig betrunken, 3000 Schilling, das sind umgerechnet etwas mehr als 400 Mark. »Ich habe mich darüber geärgert, weil ich nicht einmal wußte, *wo* ich das Geld verlor. So etwas macht mich krank. Es kann einmal vorkommen, daß ich in einer Woche 5000 Mark ausgebe, um mir etwas zu kaufen, und es macht mich glücklich zu wissen, daß mir das auch möglich ist. Aber ich werde ärgerlich, wenn das Geld zwischen den Fingern durchrinnt und ich nicht weiß, was damit geschieht.

Mit 15 Jahren wußte ich, wenn ich die zehn Mark Taschengeld auf einen Schlag ausgab, hatte ich den Rest der Woche nichts mehr. Es störte mich nicht. Genauso freut es mich, wenn ich meiner Freundin heute für 40 000 Mark ein Armband kaufen kann. Was ich hasse, sind halbe Sachen, diese Erbsenzählerei.«

Hans hatte schon sehr früh ein Talent, mit Geld umzugehen.

FALCO mit seiner Mutter Maria Hölzel 1981

Seine Geschäfte waren sogar dem Wirtschaftsmagazin »trend« eine Story wert, die in dem Bekenntnis gipfelte: »Ich habe so etwa Monatsspesen von 40 000 Schilling, kein Auto und keine teuren Weiber. Ein Bühnenmonitorsystem waren der letzte große Invest. Der größte Cash liegt in der Zellstoff-Industrie. In zwei, drei anderen Branchen, alles österreichische Industrie, bin ich auch eingestiegen. Name egal, auf jeden Fall geh' ich nicht in Klein- oder Mittelbetriebe. Die Mutter kriegt eine Apanage von 1 000 Mark im Monat. Mehr als 250 000 Schilling kann ich vom Fleck weg nicht abheben, alles gebunden. Ich sehe mich eigentlich als Komiker, vom Talent her, aber nicht beim Geld. Ich verdiene viel mehr als jeder Vorstandsdirektor, und das ist ein starkes Gefühl.«

Sein gutes Händchen fürs Bare brachte eine neue Attitüde in die Pop-Berichterstattung. Plötzlich entdeckten Jugend-Magazine, die bisher höchstens Goldene Schallplatten auflisteten, daß es auch interessant sein konnte, über die Geldanlagen eines FALCO zu berichten. »Es ärgert mich, wenn dann irgendwelche Jahresbruttoumsätze aufgelistet und über den Daumen gepeilt hochgerechnet werden. Wenn einer schreibt, der Kerl verdient im Jahr 300 Millionen, dann denken die meisten, na, das ist zwar viel, da wird ein bißchen was weggehen, aber 200 Millionen wird er schon einstreifen.«

In einem ziemlich aggressiv geführten Interview unter dem Titel »Money for nothing« mit dem Politmagazin »profil« redete FALCO einmal über Geld und Image.

»profil«: Ist es dir egal, wenn Leute, die aus der gleichen Generation und auch aus der gleichen Szene kommen wie du, dich heute als arroganten Lackaffen sehen?

FALCO: Ich glaube, daß diese Menschen hauptsächlich stört, daß ich ein wesentlich höheres Jahreseinkommen habe, als sie. Außerdem hab' ich weder mit der sektiererischen Linken noch mit der doppelbödigen rechten Moral was am Hut, und das stört sicher auch viele.

»profil«: Wer deine Masche und die Art, wie du sie verkaufst nicht mag, ist also ein Sektierer oder ein Reaktionär, auf jeden Fall aber ein Neidkomplexler?
FALCO: Schau, es ist halt offenbar undenkbar, daß es einen Star gibt, der von hier aus operiert und meint: Ich leb' gern hier in Österreich, ich lass' mich auch nicht vertreiben von euch, und ich kann auch von hier aus Nummer eins werden in Amerika.
»profil«: Wieviel verdienst du denn nun wirklich, daß alle, wie du glaubst, so neidisch sind?
FALCO: Dazu will ich nichts sagen. Aber ich habe gerade einen neuen Vertrag mit der deutschen Plattenfirma Teldec unterschrieben.
»profil«: Wie schaut dieser Vertrag aus?
FALCO: Der schaut gut aus.
»profil«: Wie gut?
FALCO: Sehr gut, mehr darf ich auch laut Vertrag nicht sagen. Aber ich glaube nicht, daß ein Österreicher schon einmal so einen Vertrag unterschrieben hat.
»profil«: Also gut, nehmen wir zur Kenntnis, daß du wahrscheinlich mehr Geld verdienst als Wolfgang Ambros, Georg Danzer, Opus und wie sie alle heißen, zusammen. Woran liegt das? Bist du ein guter Sänger oder ein guter Kaufmann?
FALCO: In der deutschen Presse heißt es, ich bin der cleverste Hund überhaupt, aber das stimmt nicht ganz. Ich mache nur die Musik, die die Leute haben wollen. Es ist noch keinem Marketing gelungen, einen Hit zu verhindern.

Das Interview erschien im März 1986, und die Fragen waren ziemlich gehässig gehalten. Am Anfang sagte der Interviewer zu FALCO: »Etliche Leute, denen ich erzählt habe, daß ich dich interviewen werde, sagten mir: Sehr gut, dieses lackierte Plastikbubi gehört endlich einmal aufgemacht.«
(Aufgemacht steht im Wiener Slang für »auseinandergenommen«, »zur Sau gemacht«.)

Und FALCO sagt deswegen auch: »Ich habe lange Zeit nicht geglaubt, daß die öffentliche Meinung in Wien sich unterscheidet von der in anderen Städten, aber inzwischen glaub' ich's auch. Hier passiert vieles in dieser rotweingeschwängerten ›Hackl-ins-Kreuz‹-Mentalität. In Amerika sind die Leut' wesentlich stolzer auf ihre Entertainer. Wenn dort einer in einem weißen Cadillac oder mit einem Royce herumfährt, dann heißt es, Leinwand, american way, das hätten wir auch haben können, wenn wir nur richtig angezogen hätten. Bei uns . . . na ja, ich fahr' eh nur einen Peugeot 205.«

Im Grunde genommen hat FALCO aber in der Branche eine Menge Freunde. Georg Danzer sagt beispielsweise: »Ich mag den Hans, und ich bin immer sehr gut mit ihm ausgekommen. Ich höre zwar allenthalben, daß er aneckt oder daß andere ihre Probleme mit ihm haben, aber ich mag ihn sehr gern.«

Niki Lauda empfindet ihn als einen »Spitzenmann des Show-Geschäfts«, und Ewald Pfleger, der Leader von Opus sagt über ihn: »FALCO ist für mich privat ein ganz normaler Mensch, mit dem man gut auskommen kann, und bei weitem nicht so unnahbar, wie es zeitweise dargestellt wird. Einer der wenigen österreichischen Musiker, die ein gewisses Feeling für amerikanische Songs in sich haben. Deshalb ist er auch international erfolgreich. Wenn er jetzt noch den Sprung zum internationalen Live act schafft, dann wird er zum großen Entertainer unserer Zeit. Denn Aura und Flair dafür hätte er.«

Hans Krankl, der berühmt wurde, als er Deutschlands Fußballnationalmannschaft in Cordoba durch sein Tor aus dem Weltmeisterschafts-Semifinale schoß, und der selbst eine Platte macht (als Johann K. »I bin ja so allein«): »Mit FALCO ist's eine Gaudi, seine Musik gefällt mir super. Privat ist er ein klasser Bursch. Nur manchmal redet er so wie er singt.«

Einer, der sehr früh das Talent und die Kraft Hans Hölzels

erkannt hat, ist Udo Jürgens, den schon seit Jahren eine Freundschaft mit Hans verbindet. Hans hört sehr oft auf den Rat Udos und versucht ihn zu befolgen. Als Udo Jürgens einmal gebeten wurde, sich über FALCO zu äußern, meinte er folgendes: »Ich kenne FALCO seit langem auch privat sehr gut. Er verkörpert für mich das moderne Zeitgefühl durch sein Image, seine Arroganz und seine Distanz zu den Leuten. Er hat in die Popmusik zweifellos eine internationale Farbe gebracht, die es im deutschsprachigen Raum vorher nicht gab. Das Zeitgefühl, das die englischen und amerikanischen Künstler in ihrer Präsentation darstellen, hat er sehr gut auf seine ihm eigene Art übertragen.«

Das, wovon Udo Jürgens sprach, war schon sehr früh von FALCO bewußt provoziert worden. »Ich bin der Meinung«, sagte er einmal, »daß die Menschen *Idole* wollen – und zwar nicht nur in Amerika oder England, sondern auch in Deutschland und Österreich. Es mag zwar ganz amüsant sein, wenn man Sänger hat, denen man im Gasthaus auf die Schulter klopfen kann, aber das ist nicht der Weisheit letzter Schluß. Im Grunde genommen möchten die Fans zu ihren Idolen aufschauen, es muß eine Distanz da sein. Die Stars sollten sich immer ein kleines Geheimnis bewahren.«

Er ging dann besonders auf die österreichische Pop-Szene ein: »Für mich ist das besonders ein österreichisches Phänomen. Der Wolfgang Ambros kann zum Beispiel von Wirtshaus zu Wirtshaus gehen und wird überall auf ein Glas Wein eingeladen werden, so lange, bis er nicht mehr stehen kann.«

Da gibt es also einerseits die Stars, mit denen man Bruderschaft trinkt, und »Leute wie mich oder Heller, die nicht die Kumpels von nebenan sind. Wir sind dann die arroganten Unikums der Nation.« Aber auf der einen Seite machte es FALCO zweifelsohne besonderen Spaß anzuecken, und andererseits hatte er auch Erfolg damit.

Wolfgang Ambros über FALCO: »Eine vielfältige Persönlich-

keit, ein eigenartiger Kerl. FALCO ist für mich schwer zu definieren. Er hat sich nicht den leichtesten Weg ausgesucht, aber er wird's schaffen. Ich wünsche ihm alles Gute.«
Eine Weile nervte es FALCO, immer wieder auf seine Arroganz angesprochen und deshalb auch unsachlich kritisiert zu werden. Er versuchte ganz bewußt, entgegenkommend zu wirken: »Aber das haben mir die Fans am Ende auch übelgenommen. Ich trat einmal in einer Live-Sendung im Österreichischen Rundfunk auf und war wirklich pflegeleicht und familienfreundlich. Und wie war die Reaktion? Hunderte riefen an und fragten, ob ich verrückt geworden sei und weshalb ich mich denn so verändert hätte? Nein – da habe ich gesehen, die Fans suchen in mir nicht den Jungen von nebenan, sondern den Star, der geheimnisvoll ist und zu dem man aufschauen kann.«
Udo Jürgens sah aber schon früh in dem Stil FALCOS auch eine gewisse Gefahr: »Kühle Distanz begeistert das Publikum nur für kurze Zeit. FALCO muß die Nähe der Leute wiederfinden.«
Ohnedies war es Hans Hölzel klar, daß seine Platte »Einzelhaft« und sein Hit »Der Kommissar« nur ein erster Schritt auf einem Weg sein konnten, den er selbst bestimmen wollte. Er verabscheute es damals schon, vorgeschriebene Pfade einzuschlagen. Hans sah sich nie als Teenie-Star, sondern stets als ernsthaften Musiker und Texter, was in den Songs zum Ausdruck kommen sollte. »Ich mochte nicht mehr, wenn mir die Reporter bis ins Bett nachstiegen«, beklagte er sich über die Zeit nach 1982, »ich wollte künstlerisch arbeiten und nicht nur in Hitparaden auftauchen. Es kann einem ja persönlich oft nichts Schlimmeres passieren, als einen Hit zu haben – man verdient Geld, aber man wird in der Luft zerrissen.«
Und wer nicht charakterstark genug ist, die Anfeindungen zu überstehen, geht nach einem Hit wieder unter, wie das so viele Beispiele beweisen.

»Irgendwo fängst du dann an zu überlegen, ob das die ganze Sache wert ist. Man macht sich kaputt und verdient viel Geld, aber war's das auch schon?«

Damals bekamen viele seine scharfe Zunge zu spüren, er liebte es förmlich, sich mit Leuten anzulegen und äußerte sich in Interviews oft herablassend. Es wurde ihm vorgeworfen, er würde die Bedeutung seiner Person maßlos überschätzen.

Einerseits die Vorwürfe, er sei viel zu arrogant und hätte im Grunde seine Kunst noch nicht bewiesen, und auf der anderen Seite der Wunsch, der in ihm brannte, eine zweite, noch bessere, noch erfolgreichere LP nachzuliefern, brachten FALCO fast um den Verstand.

Billy Filanowski, sein engster Freund, über diese schwierige Zeit: »Er fing damals an, excessiv zu trinken. Er war immer auf der Suche nach etwas, was er sich offenbar nur selber geben konnte: die Fortsetzung seines Erfolges, eine kontinuierliche Arbeit auf einem hohen Level. Ich glaube, er freute sich mörderisch über seinen Riesenerfolg, aber andererseits konnte er sich nicht richtig gehenlassen, weil in ihm immer die Frage nagte, wie seine Karriere weitergehen würde.«

7

FALCO traf alle möglichen Vorkehrungen, um eine gute zweite LP zu machen. Unter anderem verlangte er von Markus Spiegel, mit dem er ja einen Vertrag über drei Scheiben hatte, beste Produktionsbedingungen. Er selber saß Tag für Tag und feilte an seinen Texten und wägte während der Arbeit ab, wie die Zeilen beim Publikum ankommen würden.

»Ich wollte, daß es besonders gut werden würde«, sagte er später, »nach einem Start wie mit ›Einzelhaft‹ ist es unglaublich schwierig, nicht dem eigenen Leistungsdruck zu unterliegen. Ich habe mir für das zweite Album eindeutig zu viel überlegt. Ich bin übers Ziel weit hinausgeschossen. Es war zu wenig spontan aus einer ganz humanen Situation heraus: die Angst, zu floppen. Gegen den Flop hab' ich insofern ein bisserl was, als es für jede deutschsprachige Pop-Platte ein durchaus erhabener Erfolg ist, wenn sie sich fünfzigtausendmal verkauft. Ein Mann wie Ralph Siegel muß es ja wirklich wissen, wenn er behauptet, daß er hunderttausend Einheiten von einer seiner Platten verkauft, und obendrein behauptet, daß es für ihn okay ist.«

FALCOS Meßlatte lag höher. Viel höher. Er wollte viele Dinge gleichzeitig – er wollte auch von der anspruchsvollen Musikkritik anerkannt werden, er wollte den Kreis seiner Fans erweitern und er wollte mit dem Verkauf der Platte nicht hinter seinen Erwartungen zurückbleiben.

Hatte die Produktion für ›Einzelhaft‹ noch lächerlich wenig gekostet, knapp hunderttausend Mark, so schoß der Produktionspreis nunmehr steil nach oben, durch die »exorbitanten Verzögerungen«, so das Magazin »basta«, stiegen die Produktionskosten für die zweite Scheibe – »Junge Roemer« auf 2,8 Millionen Schilling (also 400 000 Mark). Das waren damit locker um zwei Millionen mehr als die bis dahin teuersten österreichischen Pop-Produktionen.«

FALCO fing an, für dieses Album sein Image noch krasser zu polieren, er ließ sich beispielsweise Dutzende Maßanzüge schneidern, er tauchte im Frack beim Wiener Opernball auf und stolzierte vor den Live-Fernsehkameras umher. Dieses Verhalten führte dazu, daß sich noch mehr Leute mit ihm anlegten. »Ich verstehe nicht, weshalb man sich gerade über meinen Opernball-Besuch so echauffierte. Ich mag den Opernball, die Oper ist erstens der schönste Ballsaal der Welt und zweitens ist es derzeit die beste Show, wenn ab Mitternacht die Orden dahinschwingen, völlig losgelöst von der Schwerkraft, und alles Champagner säuft, und alles löst sich auf in diesem Land, ich empfinde das als Super-Show.«

Vielen schien damals, als würde FALCO den Bogen absichtlich überspannen. Er wollte ausloten, wie weit er gehen konnte.

Und er stürzte ziemlich tief.

Der Fall tat weh.

»Vielleicht wäre es besser gewesen ein Buch zu schreiben, statt eine Platte zu machen«, spekulierte er, »denn die Texte von ›Junge Roemer‹ halte ich noch heute für extrem gut.«

Aber die Fans konnten mit dem Album nicht viel anfangen. Texte wie:

> *»Junge Roemer*
> *tanzen anders als die*
> *andern – sie*
> *lieben ihre Schwestern*
> *lieber*
> *lieber als den Rest der Welt*

*Frag' junge Roemer
kennt ihr die Sonne noch
sie kennt die Sorgen
Junge Roemer
die Nacht ist jung wie ihr
vergeßt das Morgen* —«

verwirrten teilweise das Publikum, das bisher den »Kommissar« gekauft hatte.
Die Platte erweist sich nicht gerade als Flop, ist aber auch lange nicht so erfolgreich, wie FALCO und Markus Spiegel sich das erhofft hatten. FALCO: »Es war wahrscheinlich sogar ein Flop, wenn man die Erwartungshaltung nach dem ersten Album in Betracht zieht. Absolut gesehen, losgelöst von dem, was vorher war und was danach gekommen ist – nur im Verhältnis zum Markt –, war es ein durchschnittlich guter Erfolg.«
»Basta«: »Der Kommissar-Gewinn war futsch. ›Junge Roemer‹ rechnete sich gerade pari – und manch anderer wäre damit auf die Nase gefallen.« Unabhängig von seiner FALCO-Produktion hatte Markus Spiegel jedoch in der Zwischenzeit ein neues Trio aufgebaut, das sich DÖF (»Deutsch-österreichisches Feingefühl«) nannte und Anstalten traf, mit ihrer ersten Platte »Codo« den überraschenden »Kommissar«-Hit nachzumachen. Leader der Band waren Manfred Tauchen und Joesi Prokopetz, das Lied gewann mehrmals in Berlin die deutsche Hitparade und brachte zumindest den Verlust von »Junge Roemer« – und ein erkleckliches Sümmchen mehr – auf das Konto des Produzenten. (Manfred Tauchen und Joesi Prokopetz sind alte Hasen im Pop-Busineß, unter anderem schrieb Prokopetz anfang der 70er Jahre die Texte der ersten Wolfgang-Ambros-Alben mit Hits wie »Der Hofa«.) Bei »Codo« handelt es sich um einen echten Ohrwurm. Es geht dabei um ein Wesen von einem fremden Stern, das die Liebe bringt und das Böse bekämpft. Nicht

zuletzt hatte man sich den Rummel um Steven Spielbergs »E. T.« zunutze gemacht und den liebenswerten Gnom aus dem All gedanklich in den Text eingebaut.
»Mit diesem Sommerhit«, schreibt »basta«, »brachte Markus Spiegel seine Firma wieder auf drei Millionen plus.«

8

Der schleppende Plattenverkauf und die zwiespältigen Kritiken bei seinem zweiten Album machten FALCO schwer zu schaffen. Die Sorge, daß es plötzlich aus sein könnte, wird nahezu übermächtig. »Geld ist für mich wichtig«, sagte er damals, »wenn man Geld gehabt hat, hat man Blut geleckt. Wenn mir irgendein Typ mit Kohle erzählt, ihm würde es nichts ausmachen, wenn er plötzlich kein Geld mehr hätte, dann glaube ich das nicht. Man wird zum Dagobert Duck.« Aber noch viel stärker berührte es ihn, daß der Erfolg der ersten Platte nicht zu wiederholen war. »Der Erfolgszwang ist das Verteufelte an unserer Arbeit. Es wird immer mehr und mehr erwartet. Oft bin ich schon dagesessen und habe mich gewundert, wieso ich mich über einen Erfolg nicht freue. Wahrscheinlich, weil ich es schon einmal erlebt habe. Und weil es beim zweitenmal selbstverständlich erscheint. Da kommt man vom Regen in die Traufe. Der Leistungsdruck pendelt sich nicht ein, der wird immer größer.«

Billy Filanowski war zu jener Zeit häufig mit FALCO zusammen. Die beiden gingen oft abends aus, hörten Musik oder aßen gemeinsam. »Er war wirklich zwei Jahre lang in einem Tief«, sagt Billy, »er wurde depressiv und er hatte schreckliche Angst, daß alles, was er erreicht hat, wieder vorbei sein könnte.«

Zu dieser Zeit trank FALCO ziemlich viel, schüttete wahllos Wein, Wodka, Whisky und Brandy in sich hinein und machte mit dem unsteten, ungesunden Leben seinen Körper buchstäblich kaputt. »Ich hab' bloß von den Drogen die

Hände gelassen, da hatte ich zuviel Schiß davor. Aber die flüssigen Drogen, die Alkoholika, nahm ich im Übermaß.«
Nachts landeten Hans und Billy immer in einer Discothek. Billy Filanowski: »Wir hatten mit Mädchen nie Probleme, Hans fährt völlig auf blonde, zarte, elfenhafte Wesen ab, und ich mag mehr die Dunkelhaarigen. Wir kamen uns bei den Aufrissen nie in die Quere. Und wir hatten beide eine sehr gesunde Einstellung, ein Mädchen aufzureißen. Wenn einer von uns eines angesprochen hatte und es bahnte sich etwas an, stand der andere auf dem Standpunkt: Fein, es gibt sicher auch noch eine zweite hübsche Maus in dem Lokal. Wir kamen nie der Mädchen wegen in Streit, und wir waren auch nie eifersüchtig.«
Hans versuchte sich mit exzessivem Leben zu betäuben. »Er war ein großer Aufreißer«, sagt Billy darüber, »obwohl ich denke, daß er in Wahrheit immer nur eine gute, feste Bindung suchte.«
Aber es klappt nicht, und FALCO wechselt die Freundinnen wie die Hemden. Einmal verabredeten sich Hans und Billy, um gemeinsam auszugehen. »Ich schellte an der Tür und klopfte wie verrückt, aber der Kerl machte nicht auf«, entsinnt sich Billy Filanowski des Zwischenfalls. »Ich wußte, er mußte noch drinnen sein, und ich machte mir alle möglichen Gedanken, was passiert sein könnte.«
Schließlich kletterte Billy durchs Flurfenster auf einen Mauervorsprung und warf von dort Steine gegen die Fensterscheiben FALCOS. »Das hat er dann gehört und aufgemacht. Er war gerade mit einem Mädchen in der Wohnung und fürchtete, daß ein anderes, mit dem er sich auch verabredet hatte, vor der Tür stünde und es einen riesigen Krach geben könnte.«
Hans versuchte alles mögliche, um das Gefühl der Niederlage abzutöten. »Zu jener Zeit«, analysiert sein Partner Horst Bork die damalige Situation, »wurde sein natürliches Mißtrauen Fremden gegenüber beinahe übermächtig. Er wußte

natürlich, daß man – wenn es einem gut geht – viele Freunde und Verehrer hat, die sich dann rasch verflüchtigen, wenn dunkle Wolken auftauchen. Aber nun spürte er es am eigenen Leib, wie das war.«
Leute aus der Branche, die ihm noch vor Monaten die Tür einrannten, ließen sich plötzlich verleugnen, wenn er anrief und sie sprechen wollte. Der mäßige Erfolg wurde von vielen spöttisch kommentiert. Hans und Billy besprachen die Situation öfter, und einmal kam Hans mit der Idee, sie könnten vielleicht gemeinsam eine Kleiderlinie herausbringen unter FALCOS Label. Er wußte, er mußte etwas unternehmen, scheute aber dann doch zurück, sich wirklich in eine andere Branche zu wagen.
»Solange du einmal auf der Bühne Erfolg gehabt hast«, gesteht er offen, »gehst du bis zum Herzinfarkt nicht mehr runter.«
Michael Hopp schrieb im Wiener Kulturblatt »Wiener« über das zweite Album: »Als ich aus nichts als aus lauterer, hehrer, überbordender Begeisterung ... eine Hymne auf FALCOS ›Junge Roemer‹ vom Stapel ließ, hielten sie mich – ich konnte es mir aussuchen – für a) leicht unterbelichtet, oder b) korrupt. (Jene, die mich mochten, gaben öffentlich vor, mich für b) zu halten, sie wollten damit zum Ausdruck bringen, erzählten sie mir später, daß sie an meine Intelligenz glaubten.)
Ich hatte zu leiden wie ein Hund, als die Verschwörung der Miesmacher recht zu behalten schien: die beste Plazierung, die FALCO mit der ›Junge Roemer‹-Auskoppelung ›Kann es auch mal Liebe sein‹, erreichte, war, soweit ich mich erinnere, ein bescheidener sechster Platz – und der währte nur eine Woche ... Und nach FALCO selbst war wohl ich einer der größten Verlierer der ›Junge Roemer‹-Affäre. Erstens stand ich als falscher Prophet da (in jugendlichem Überschwange hatte ich der Platte Hitparadensiege en gros prophezeit). Zweitens als ein in ein merkwürdiges Stadium der

Post-Pubertät verfallener, mit der Libido einer zwölfjährigen Hauptschülerin versehener Kindskopf.«
Aber die meisten Kritiker weideten sich ohnedies am Mißerfolg von »Junge Roemer«, oder sie nahmen die zweite Platte FALCOS gar nicht zur Kenntnis. 120 000 Platten werden in Deutschland verkauft, mit Ach und Krach bekommt »Junge Roemer« in Österreich die Goldene Schallplatte. Später sagte FALCO in einem Resümee: »Es war alles verkrampft, und es fehlte der Hit auf der Platte. Wir hatten keine gescheite Auskoppelung.« Er überlegte auch, was bei seinem ersten großen Erfolg Anfang der 80er Jahre mitgespielt haben könnte: »Damals gab es in Deutschland ein absolutes Vakuum, die – bis dahin – großen Solisten, wie Udo Jürgens, hatten plötzlich mit den Kids nichts mehr gemeinsam. Und dazu kam eine Art Endzeitstimmung der Plattenindustrie, die sich den Kopf darüber zerbrach, weshalb sie im Jahr statt, sagen wir mal, 80 nur 75 Milliarden verdiente.
FALCO: »Wahrscheinlich kann keiner diesen Faktor X, der aus einer guten Platte einen Hit und aus einem Hit einen Welterfolg macht, nicht beschreiben. Aber man kann den Umkehrschluß ziehen, man kann, wenn es danebengeht, analysieren, weshalb es diesmal nicht so gut geklappt hat. *Was hat da gefehlt? Was war schlechter? Weshalb bleibt man irgendwo wie mit einem Karren im Sumpf stecken?*
Man weiß eigentlich nie, was den Zündfunken ausmacht. Aber weil man den Funken schließlich fassen kann, ist das wieder beruhigend. Denn, schau mal – da merkst du, daß etwas da ist, was nicht oberflächlich meßbar ist.«
Die Gedanken über Erfolg und Mißerfolg lassen Hans Hölzel in jenen Wochen und Monaten einfach nicht los. Es besteht die Gefahr, daß er noch mehr verkrampfen, sich noch mehr auf einer falschen Schiene festfahren könnte. »Aber ich gehöre zum Glück zu den Typen, die aus einer Niederlage zwar mit kräftigem Bauchweh hervorgehen, sie aber ganz gut überstehen. Vielleicht ist es mein Schutzmechanismus,

meine Unabhängigkeit, ja, meine Arroganz, daß ich sage, gut, wenn es *euch* nicht gefällt, dann eben nicht. Kann ich auch nichts machen!«
Trotzdem ist er natürlich schockiert und sagt die Tournee, die bereits lange geplant war, ab. Opus – jene Fünf-Mann-Gruppe, die 1985 mit ihrem Song »Life Is Live« weltweit einen Riesenhit hatte und in den amerikanischen Charts sogar bis unter die besten 40 vorstieß – sollte die Begleitband sein. Aber Hans sagt: »Wenn ich keinen Hit landen konnte, dann verzichte ich lieber auf die Tournee. Da fehlt jeder Zündfunke.«
Eine Weile scheint es, als könnte es mit »Junge Roemer« doch noch bergauf gehen. Eines Tages, es war im Sommer 1984 und FALCO hielt sich gerade bei Horst Bork in München auf, rief ihn ein befreundeter Journalist an. »Hör mal«, sagte er, »ich komme gerade von einem Interview mit Désirée Nosbusch. Sie wohnt im Hotel Vier Jahreszeiten. Und irgenwie sind wir bei dem Gespräch auch auf dich gekommen, und sie sagte, sie würde dich gern kennenlernen.«
Désirée Nosbusch ist ein bildhübsches, hochintelligentes Mädchen, das schon sehr früh Erfolg bei Radio Luxemburg hatte und dann eine ganze Menge verschiedener Dinge anpackte – sie spielte in Filmen mit, sie moderierte Fernsehsendungen und machte Rundfunk-Interviews. Sie machte zwar bei allen Auftritten eine gute Figur und bekam meist auch blendende Kritiken, doch fehlte ihr einfach der ganz große Durchbruch.
»Wir trafen einander noch am selben Tag und unterhielten uns ganz gut. Wir redeten über Gott und die Welt und New York, die Stadt, aus der Désirée gerade kam. Irgendwann tauchte dann auch der Gedanke auf, daß wir miteinander eine Platte machen könnten. Mein Kalkül dahinter war, ehrlich gestanden, daß ich mit den ›Jungen Roemer‹ gerade in einem ziemlichen Loch hing und ganz gern noch ein paar Platten mehr verkauft hätte.

Désirée paßte mir von ihrer Schnauze her sehr gut, sie war noch nicht in einem Fach abgestempelt, und sie hatte kurz davor mit der Moderation des Eurovisions-Grand-Prix Aufsehen erregt.«

FALCO wählte die Nummer »Kann es Liebe sein« aus, um mit Désirée Nosbusch im Duett zu singen. Die Musik war von Robert Ponger, der Text von ihm. »Das Lied war gut, aber wir hatten es aus irgendeinem Grund auf der LP schlecht produziert und weit unter seinem Wert verkauft.«

Die Probeaufnahmen mit Désirée gaben zwar nicht zum Jubel Anlaß, aber sie hatte eine sehr ordentliche Stimme. »Sie war kein Supergesangstalent«, sagte Hans heute, »aber es war einen Versuch wert.« Und die Platte lief dann nicht einmal schlecht: Mit 50 000 verkauften Singles war es der größte Erfolg seit »Maschine brennt«.

Viele hatten FALCO 1984 bereits abgeschrieben, er selbst aber sagt: »Die Tiefs in meiner Karriere sind für mich wichtiger als die Hochs. Ein konstantes Hoch bringt nichts, das wäre unnatürlich. Es gehört dazu, daß man hin und wieder im Keller ist. Hoch und tief – so stelle ich mir ein optimales Leben vor.«

4. Kapitel

*Jeanny, quit livin on dreams
Jeanny, life ist not
what it seems.
Such a lonely little girl in
a cold, cold world
There's someone,
who needs You.
Jeanny, quit livin on dreams
Jeanny, life is not
what it seems
You're lost in the night
Don't wanna struggle
and fight
There's someone
who needs You.*

1

Es gehört zu den unabwägbaren Mysterien des Musik-Busineß, daß viele Sänger just in dem Moment, in dem sie ihre größten Niederlagen einstecken mußten, auch anfangen, ihre größten Hits zu landen. Das war bei Frank Sinatra vor 40 Jahren so. Udo Jürgens verspürte es vor zehn Jahren: Als er mit seinem Manager prozessierte und ihm jedermann ein Absacken in die Anonymität prophezeite, landete er seine überwältigendsten Erfolge.

Es ist ein Phänomen, und die Beispiele dafür sind unzählig, von Julio Iglesias bis Bob Dylan, es scheint ein Naturgesetz zu sein, daß man erst den bitteren Geschmack der totalen Niederlage erfahren muß, ehe man sich wirklich ganz durchsetzt. Boxer kennen das Gefühl gut. Muhammed Ali sagte einmal: »Du mußt schmecken, wie ein K. O. schmeckt, bevor du Weltmeister sein kannst – und damit meine ich *wirklich* Weltmeister.«

Und FALCO verspürte es nun, das Gefühl der bitteren Niederlage, von dem Muhammed Ali sprach. Aber ehe der Gong zum K. O. ertönte, schüttelte FALCO die Nebel aus seinem Kopf, rieb sich die Augen, versuchte verbissen, die emotionale und intellektuelle Katastrophe, die sich im Zuge des Flops anbahnte, zu vermeiden.

Er trank weniger und zog sich sogar für zwei Wochen nach Gars am Kamp zurück, wo Willy Dungl ein Fitneß-Center unterhält. »Und wir sind dann auch sehr viel in Wien zum Trainieren gegangen, und Hans kam wieder gut in Form«, berichtete Billy Filanowski. Hans begann wieder vernünftig zu essen und streng auf seine Figur zu achten. Als man ihn

einmal fragte, was er tun würde, wenn er nur noch fünf Mark in der Tasche hätte, antwortete er: »Ich würde das Geld dazu verwenden, den nächsten Bus ins Studio zu nehmen und von vorne anzufangen.«
Und war die Platte auch kein wirklicher Mißerfolg gewesen, so nahm FALCO vieles zu persönlich, was im Zuge der »Jungen Roemer« veröffentlich wurde. Seine Sensibilität machte ihn angreifbar.
»Es gab zu diesem Zeitpunkt eigentlich nur einen Weg«, erzählt Horst Bork, der Anfang der 80er Jahre bei der Hamburger Plattenfirma Teldec gearbeitet und FALCO betreut hatte, heute, »wir mußten einfach die Pferde wechseln. Wir mußten ein anderes Gespann für ihn finden.«
Bork war früh zu Hans R. Beierlein gestoßen, »wo ich das Musikmanagement von der Pike auf lernte.« Er betreute bei Beierlein Stars wie Adamo, Gilbert Becaud und Udo Jürgens während ihrer größten Erfolge, arbeitete später bei United Artists mit Shirley Bassey zusammen, ehe er zur Teldec kam.
Über den heute 37jährigen Bork sagte FALCO: »1981 kam Markus Spiegel nach Deutschland und wollte die Bänder vom ›Kommissar‹ präsentieren. Bork hat damals für Teldec gearbeitet. Damals war ich in Österreich schon Nummer eins. Die meisten Manager drüben haben gemeint, das wird nie was – außer Horst Bork. Der hat den ›Kommissar‹ für Deutschland, sprich: für den Rest der Welt, entdeckt und mit voller Power herausgebracht.«
Seit dieser Zeit vertraut Hans voll und ganz dem künstlerischen Rat von Horst Bork, der sich inzwischen mit FALCO selbstständig machte und in einer zweistöckigen Villa in München das obere Geschoß gemietet hat, wo ihre gemeinsame Firma etabliert ist.
Beiden, Hans und Horst, ist klar, daß sie nicht auf der Schiene weiterfahren können, die die »Jungen Roemer« beinahe auf das Abstellgleis gebracht hätte. »Ich habe dann

Urlaub mit Freunden in Thailand

aus der zweiten LP die Konsequenzen gezogen und meine Zusammenarbeit mit Robert Ponger unterbrochen. Bob und ich, wir sind im Grunde zwei gegensätzliche Typen. Das hat beim ›Kommissar‹, den wir erfunden haben, funktioniert wie bei der Elektrizität: Plus, Minus, und plötzlich war der Funke da. Eine spontane, elektrisierende Geschichte. Mit der zweiten LP aber haben wir uns überarbeitet.«

Zum Jahreswechsel 1984/85 bricht FALCO aus. Er bucht einen Urlaub nach Thailand und fährt mit Billy Filanowski, dem Schauspieler Hanno Pöschl und ein paar weiteren Freunden los. Der »Rennbahn express« schrieb in seinem »FALCO-spezial« darüber: »Der Urlaub ist für ihn der Wendepunkt. ›Dort hab' ich beschlossen, mit mir Freundschaft zu schließen und einen inneren Ausgleich zu finden. Ich bin aus Thailand zurückgekommen und hab' so viel Kraft gehabt, daß ich bloßfüßig im Schnee hätte herumlaufen können.‹«

Auch äußerlich verändert sich FALCO nach diesem Urlaub. Er läßt die maßgefertigten Anzüge im Schrank hängen und kleidet sich mit Vorliebe in weite, fernöstliche Jacken und Hosen, oder er trägt bequeme Sweat-Shirts und Jogginghosen. Die fremde Mythologie, die Lebensart der Asiaten, hat ihn sehr berührt. Er nimmt Kleinigkeiten plötzlich nicht mehr so tragisch wie ein paar Wochen zuvor: »Ich weiß, daß ich oft vorschnell handele, aber was soll's? Die Leute wollen Pop-Stars, die kantig sind, die nicht aalglatt und samtweich sind, das hat nichts mit Alkohol oder Größenwahn zu tun, ich kümmere mich einfach nur weniger um mein Bild in der Öffentlichkeit. Ich bin so, wie ich bin.«

2

Horst Bork bemühte sich das ganze Jahr 1982, neue Produzenten aufzutreiben, die FALCO einen frischen Impuls geben könnten.

Einmal sagte er zu Hans: »Hör mal, da sind zwei Supertypen in Holland, zwei Brüder, die fanden das, was du bisher machtest, äußerst interessant, ich denke, wir sollten es mit denen mal versuchen.«

Nach der Rückkehr aus Thailand lag ein Demoband in seinem Büro. Hans fand es ganz ausgezeichnet. Er schickte ihnen daraufhin einen Songtext, den er zur Musik von Ric Okasek von den Cars gemacht hatte. (»My name is Johnnie Walker and I won't wanna make any advertising, You know?«, der Song hieß bei ihm »Munich Girls«, und er machte sich damit über die Mädchen her: »Munich Girls, lookin' for love, Tag und Nacht, lookin' for love, here she comes, she's lookin' for love«, er hatte auf dem Flug eine Cassette von den Cars dabei gehabt, und der Song »Lookin' For Love« war ihm nicht aus dem Sinn gegangen.)

Rob und Ferdi Bolland, die ihr Bullet Sound Studio in Hilversum, nicht weit von Amsterdam entfernt, betreiben, machten zu dem FALCO-Text ein Playback, das genau seinen Vorstellungen entsprach. »Ich hatte das Thema, nämlich etwas über diese merkwürdigen, ausgeflippten, oberflächlichen Münchner Girls zu schreiben, längere Zeit im Kopf, aber ich fand einfach keine passende Musik dazu. Aber mit der Melodie der Cars und der Mischung der Bolland-Brüder war alles optimal, und plötzlich spürte ich wieder Hoffnung. Ich war wirklich optimistisch.«

Schließlich hatten Rob und Ferdi Bolland eine Idee, die am Ende alles, was es in der deutschsprachigen Pop-Musik bisher gegeben hatte, auf den Kopf stellen sollte – und die FALCO kaum ein Jahr darauf in den USA nach ABBA zum zweiterfolgreichsten europäischen Künstler im amerikanischen Pop-Busineß machen sollte . . .

Zu der Zeit waren ein paar kritische Bücher über Wolfgang Amadeus Mozart erschienen, die ziemlich detailgenau beschrieben, wer der begnadete Wolfgang Amadeus Mozart in Wirklichkeit gewesen war: ein genialer Komponist, ein Spieler, ein Außenseiter, arrogant, manchmal unleidlich, ein Frauenheld – jedenfalls ganz anders, als es die offiziellen Mozart-Biographen über Jahrhunderte dargestellt hatten.

Dazu kamen noch eine sehr gute mehrteilige Fernsehserie über Mozart, eine Co-Produktion des französischen und des deutschen Fernsehens, und vor allem der mit mehreren Oscars ausgezeichnete »Amadeus«-Film von Milos Forman mit Tom Hulce in der Hauptrolle.

Die Brüder Bolland hatten die Idee, den Stoff über Mozart für einen Song zu adaptieren. »Rock Me Amadeus«, eine verrückte Story über den Superstar des 18. Jahrhunderts, der soff und der unendliche Probleme mit den Geldverleihern hatte.

FALCO war von der Idee hingerissen. Ganz Feuer und Flamme machte er sich daran, den Bolland-Entwurf für seinen Stil aufzubereiten. »Im Grunde«, gestand er einmal offen, »habe ich das fertige Playback bekommen und den Text einfach umgearbeitet, sonst nichts.«

In Hilversum nimmt FALCO seine LP »FALCO 3« auf. Es dauert ungefähr zwei Monate, bis die Platte fertig ist und der »Rennbahn express« schreibt: »Geld gab's für die Produktion, soviel er wollte. Aufgebraucht hat Falco knapp die Hälfte des Budgets, das Robert Ponger für die ›Jungen Roemer‹ kassiert hatte. Studios, Musiker, Produzenten, Hotels, Flüge, alles das managt FALCO selbst. Weshalb er seine Tätigkeit auf dem Plattencover mit ›Directed By FALCO‹ angibt.«

Ende August sind die Aufnahmen im Kasten, das Material ist schließlich so vielfältig, daß sich FALCO schweren Herzens dazu entschließen muß, zwei Songs wegzulassen, und zwar »Without You«, ein Lied, das er auch selbst komponiert und das die Band von Peter Maffay eingespielt hat, und »Force To Force«, eine Komposition von Peter Vieweger, dem FALCO-Kumpel aus Spinning-Wheel-Tagen.

Neben der genialen Amadeus-Nummer hat er für die dritte

LP noch neun weitere Songs aufgenommen. Da ist einmal »America«, ein Song, in dem er über – beinahe – alles und jedes spottet: »America, wenn ihr mir glauben würdet, wie man euch vermissen kann. Im ›Spiegel‹ stand es: Wien ist ›in‹. Und wenn der es nicht weiß, wer dann? . . .

Oder das Lied »Tango The Night«. FALCO sagt: »Ich habe mich auf wenig Worte Text zwischen Hans Albers und Marlene Dietrich beschränkt. Und ich bin damit zufrieden, obwohl das Lied eigentlich sehr wenig Arbeit machte.« (Beide, sowohl die Dietrich als auch Hans Albers, empfindet FALCO als die ganz großen Stars. »Hans Albers konnte in seiner Zeit gänzlich ungewöhnliche Dinge tun und wurde akzeptiert, weil er einfach ein großer Künstler war. Und beide haben sowohl als Sänger wie auch als Schauspieler große Erfolge gefeiert. Dem kann man als junger Künstler einfach nur nacheifern.« Horst Bork: »Wenn man mich fragt, ich bin ein echter Hans-Albers-Fan. Er und die Dietrich und Zarah Leander waren die Pop-Stars der 20er, 30er und 40er Jahre. Sie sind heute – völlig zu unrecht – verkannt.«)

Es ist dann noch »Munich Girls« auf dem Album nach der Nummer von den Cars, dann »Männer des Westens«, das er selber als »ein Lied gegen den Kulturimperialismus« bezeichnet, (». . . es ist ein Tatbestand, daß dieses Abendland die Geschichte immer hat bestimmt. Es ist angesagt auch immer mehr gefragt, wer die Männer dieses Westens sind.«) und »Nothin' Sweeter Than Arabia«. Dazu sagt FALCO: »Ich war im Winter auf dem Weg nach Thailand für einen Tag in Amman, der jordanischen Hauptstadt, und das hat mich sehr fasziniert. Ich habe versucht, in meinem Text Traumbilder von dieser Stadt zu verarbeiten.«

»Macho Macho« ist ein Song mit ziemlich hypnotischem Rhythmus, FALCO macht sich im Text über einen Macho-Typen lustig, der andere Männer als Machos beschimpft.

Dann spielte er für das Album noch die alte Bob-Dylan-Nummer »Baby Blue« ein, ein sanftes, jazziges Stück. »Ich

bin nach einem Fernsehauftritt mit Désirée Nosbusch am anderen Morgen in meinem Münchner Hotelzimmer erwacht. Es war frostig, Rauhreif vor den Fenstern, und dann machte ich das Radio an und hörte ›Baby Blue‹ von Van Morrison interpretiert, das war ganz eigenartig, und in dem Moment beschloß ich, mich des Liedes anzunehmen.«
Schließlich ist dann noch »Vienna Calling« auf der LP, die zweite Auskoppelung nach »Amadeus«, die ebenfalls an der Spitze der Charts in Deutschland, Österreich, der Schweiz und Luxemburg war und die FALCO ganz bewußt »Amadeus« nachgeschossen hatte: »Die Leute sollten denken, ja ja, nicht übel, aber lange nicht so heiß wie ›Rock Me Amadeus‹ und wenn dann alle meinten, ich hätte mein Pulver damit verschossen, bringen wir ›Jeanny‹ auf den Markt.«

»Ich war im Umgang mit den Medien relativ neu«, zog Falco nach der triumphalen ersten Platte und dem Einbruch mit »Junge Roemer« Bilanz, »und ich wußte nicht, wie ich mich richtig verkaufen sollte. Diesbezüglich habe ich in ein paar Monaten mehr gelernt als ein anderer in seinem ganzen Leben.« Er hatte eine Zeitlang wirklich Probleme im Umgang mit Journalisten, er äußerte sich manchmal brutal offen und bedachte dabei nicht, daß ihm das schaden konnte.

»Ich merkte plötzlich, die Leute kamen auf mich zu und erfanden Beschuldigungen, die sie von mir kommentiert haben wollten. Sie wollten damit irgend etwas herausfordern, um am Ende das zu hören, was sie ohnedies hören wollten. Ich wollte nicht immer gelobt werden, und ich wollte auch gar nicht im rosigsten Licht dargestellt werden, aber ich hasse die Lügen und ich hasse die ganze Skandalisierung der Geschichten.«

Als er bemerkte, daß es so nicht mehr weitergehen konnte, wandte er sich an Hans Mahr, einen ehemaligen Journalisten, der die Wahlkampagnen der österreichischen Sozialisten unter Bruno Kreisky 1979 und 1983 geleitet hatte und später Berater des namhaftesten österreichischen Zeitungsverlegers, Hans Dichand, geworden war. »Wir kannten einander vom Sehen«, erzählt Mahr, »aber ich hätte nie gedacht, daß wir einmal zusammenarbeiten würden.«

Eines Nachts kam Falco in der Wiener Bar Take five in der Annagasse auf Mahr zu: »Sag' mal, du hast doch früher Bruno Kreisky beraten?«

Mahr nickte. »Das stimmt.«
»Und du machst das nicht mehr?«
»Richtig.«
»Okay, dann könntest du ja jetzt mich beraten.«
Hans Mahr bat FALCO um ein paar Tage Bedenkzeit. Dann stimmte er zu. »FALCO spielte mir eines Abends ein Demoband mit ›Amadeus‹ vor. ›Was hältst du davon?‹ fragte er mich. Ich antwortete, daß ich nicht recht wüßte, was ich davon halten sollte. Er spielte es mir wieder und wieder vor und sagte, es würde ein Hit werden. Er war damals schon sehr vom Erfolg seiner dritten LP überzeugt.«
FALCO charakterisierte sein Team so: »Hans Mahr ist in erster Linie ein Freund, der mich berät. Er ist vor allem für Österreich zuständig. Die Hierarchie schaut also so aus – FALCO, Bork, Mahr.« Und: »Selbstverständlich hat man mit wachsender Kapazität an verschiedenen Arbeiten eine wachsende Anzahl von Mitarbeitern, und natürlich lasse ich mir meine Reden schreiben, aber die Gedanken dazu und die meisten Formulierungen sind natürlich von mir.«
Obwohl er einsehen muß, daß sein Erfolg bereits solche Tragweiten angenommen hat, daß es unmöglich ist, alles allein zu bewältigen, versucht er doch, das Team so klein wie möglich zu halten. »Ich habe ständig Angst, plötzlich einen Riesenapparat wie ein aufgeblasener Wasserkopf mitzuschleppen, der nur Zeit und Geld kostet.«
FALCO hält nicht viel von synthetisch produzierten Stars. Wichtiger ist es ihm, als Person zu wirken. »Wenn man so will, dann verfolge ich die Philosophie, die David Burn von den ›Talking Heads‹ im Film ›Stop Making Sense‹ symbolisiert, wo er mit einem Kofferradio auf die Bühne geht, das Radio einschaltet und nur mit einer Gitarre dazu spielt. Ganz ohne großes Brimborium bringt er ungeheuerliche Power rüber. Das ist es, was ich will.« Und: »Es kommt immer noch auf das Produkt an, das man präsentiert. Wer sich alle möglichen Eskapaden dazu einfallen läßt, steht in der Zei-

tung, aber nur wenn die Platte stimmt, dann scheint er in der Hitparade auf, sonst bloß in der Klatschspalte.«
Am 12. Mai ist »Rock Me Amadeus», die erste Auskoppelung, auf Anhieb die Nr. 1 der österreichischen Hitparade, zwei Wochen darauf nimmt sie die deutschen Charts im Sturm. Für FALCO ist es die Bestätigung, das Richtige getan zu haben. »Aber wer gedacht hatte, er würde jetzt ausflippen«, sagt Mahr, »der war unwillkürlich enttäuscht. FALCO trug den Triumph sehr gelassen.« FALCO: »Wahrscheinlich hätte ich zwei Jahre früher ganz anders reagiert, aber jetzt war da nur das Gefühl, eine Arbeit abgegeben zu haben, die respektiert wird. Zugleich Freude und Skepsis, wahrscheinlich war die Angst größer, die Angst davor, was noch alles auf einen zukommt, als das Hochgefühl.«
Die Kritiker waren sich nicht ganz sicher, wie sie »Rock Me Amadeus« beurteilen sollten, und auch später, als das Album »FALCO 3« auf dem Markt ist, sind die Rezensionen zwiespältig. Der »Wiener« schreibt:
»Das Cover ist häßlich. Die Platte ist rot (hält man mich für einen Teeniepopper, der sich über so was freut?) Die Salieri-Version von ›Rock Me Amadeus‹ ist weit aufregender als der auf der LP befindliche Gold-Mix, ›America‹ klingt wie Ambros. ›Tango The Night‹ wollte FALCO schon auf ›Junge Roemer‹ tanzen, es hat dort aber nicht gefehlt, ›Munich Girls‹ ist gut, aber von den Cars. ›Jeanny‹ klingt wie Morak mal Heller dividiert durch Udo Jürgens, ›Vienna Calling‹ ist dünn, ›Männer des Westens‹ sind die neuen ›Helden von heute‹, ›Nothin' Sweeter Than Arabia‹ ist ein von mir aus talentiertes Bowie-Plagiat, ›Macho Macho‹ ist infantil. ›It's All Over Now, Baby Blue‹, ist von Bob Dylan.«
Zwar relativiert der Kritiker seine Rezension im nächsten Absatz: »Ist es das, was Ihr lesen wollt? Es ist natürlich nur zur Hälfte wahr. ›FALCO 3‹ ist eine ziemlich gute Platte, und gerade die Kritikpunkte des vorhergehenden Absatzes könnte man als Attraktivitätsbelege interpretieren. ›FALCO 3‹

ist nicht so elegant und nicht so intelligent wie ›Junge Roemer‹, dennoch sympathisch in ihrer unverfrorenen Spekulation und ihrer handwerklichen Raffinesse.«

Wichtiger als die Kritik im »Wiener« war FALCO natürlich das, was der Rezensent von »Rolling Stone« schrieb, der bedeutendsten Pop-Musikzeitschrift unserer Zeit.
Um es kurz zu machen: Die Kritik war schrecklich und niederschmetternd. »FALCOS drittes Album ist so, daß man nach der Hälfte denkt, oh, was für eine schlimme Platte, aber es wird noch erbärmlicher.«
Der Artikel ist jedoch so niederträchtig, daß er bei vielen Amerikanern eine merkwürdige Reaktion auslöst: »Der Bericht allein schon machte mich unsagbar neugierig auf das Album«, schrieb Robert Hilburn von der »Los Angeles Times«, »denn ich spürte, daß der Rezensent von ›Rolling Stone‹ die Platte *hassen* mußte.« Und, logisch: »Etwas, was soviel Haß hervorrufen konnte, mußte auch Seiten haben, die für das Album sprachen.« Hilburn schreibt sachlich weiter: »›Rock Me Amadeus‹ ist eine lebendige junk-food-Mischung unserer heutigen Musik-Welt, Disco-Streicher, synthetische Drums, hip-hop, rap, eine Spur heavy metal.«
»Munich Girls« vergleicht der »Times-Reporter« mit guten Sachen von Lou Reed, »Macho Macho« mit einer verspielten David-Bowie-Aufnahme von »Rebel Rebel«, die Dylan-Nummer »It's All Over Now, Baby Blue« mit frühen Rolling-Stones-Einspielungen.
Hilburn schreibt: »In einem Telefon-Interview, eine Woche, ehe ich ihn persönlich traf, setzte mir FALCO gut fünf Minuten lang auseinander, daß Mozart wohl ein Punk-Rocker wäre, würde er heute leben. Als ich ihn dann persönlich traf relativierte er das. ›Wer weiß, was aus Mozart heute geworden wäre‹, sagte er.«
Hilburn kommt zu dem Schluß: »Er ist ein Junge, der genau weiß, was er will und wie er es bekommt. Er sagte mir: ›Ich

denke, es ist wichtig für einen Pop-Star, auf die Menschen Eindruck zu machen, mit der Musik und mit den Auftritten im Fernsehen oder bei Interviews. Ich möchte nicht einer von denen sein, bei denen man sagt, ach ja, irgendwoher kenne ich ihn, aber ich weiß nicht recht, was ich von ihm halten soll.«

In dem Interview fragte der Reporter der »Los Angeles Times« FALCO, wie man sich so fühle als Pop-Star in Österreich, und erhielt die Antwort: »Sicherlich anders als in Amerika, es ist manchmal geschmacklos in Europa, Geld zu haben. Die Leute sagen, gut, er hat Erfolg, aber er braucht deswegen ja nicht im Rolls Royce herumzufahren. Man hat mich schon oft gefragt, weshalb ich nicht nach London oder in die USA ginge, wo meine Karriere sicherlich schneller vonstatten gehen würde. Aber ich bin glücklich hier, und ich glaube, ich würde viel verlieren, wenn ich meinen Wohnsitz verlegte. Ich möchte meine Wurzeln eigentlich nicht vermissen.«

»people«, das namhafteste amerikanische Star-Magazin widmete FALCO einen zweiseitigen Bericht unter dem Titel »Roll over, Mozart«. Er fing mit einem FALCO-Zitat an: »Wolfgang Amadeus ist ein guter Freund von mir. Wir treffen uns öfter mal und trinken ein paar Gläser miteinander. Einmal sagte er, 'hör mal, Salieri hat meinen Oscar bekommen, könntest du mir nicht Genugtuung verschaffen, indem du aus mir einen Pop-Star machst?'«

FALCO spielte darauf an, daß für Formans »Amadeus«-Verfilmung nicht der Darsteller des Mozart – der ebenfalls nominiert war – den Preis bekam, sondern der Oscar an den Salieri-Darsteller ging.

Die witzigen Vergleiche FALCOS, seine – im perfekten Englisch vorgetragenen – Metaphern, sein Kokettieren, exaltiert und ausgeflippt zu wirken, gefällt den Amerikanern.

Er fängt oft an, wild drauf loszufabulieren, und die ausländischen Journalisten finden seine Stories, auch wenn sie vorn und hinten erfunden sind, großartig. Einmal erzählte er Ruth Brotherhood von der englischen Millionen-Zeitung »Sun« wildeste Don-Juan-Geschichten, und die Zeitung druckte alles brav auf einer Doppelseite unter dem Titel »Ein Exklusivinterview mit dem frischesten Star der Charts.«

FALCO wird zitiert: »Ich war immer einer, den die Frauen mochten. Meine Jungfräulichkeit verlor ich mit 18. Meine erste Geliebte hatte wunderschönes blondes Haar und verblüffend lange, rote Fingernägel. Von da an war es – wie man sagt – ein Kommen und Gehen. Ich kann mich heute gar nicht mehr erinnern, wie viele Mädchen ich geliebt habe, es waren einfach zu viele.«

Zu einem guten Teil stimmt, was die Journalistin Marga Swoboda behauptete: »FALCO ist viel mehr Profi als präpotent, er gibt keine Interviews ab, sondern Inserate.« Tatsächlich gibt er den Journalisten das, was sie suchen: Star-Geplauder für »people«, eine Image-Beschreibung für die »Los Angeles Times«, und der »Sun«, jener Zeitung, die gern fetzige Skandale aufbereitet und jeden Tag auf der Seite 3 ein nacktes Mädchen bringt, erzählt er tolle Sex-Stories.

Der FALCO, der 1985 seine dritte LP präsentierte, war schlank, fit und sichtlich dazu entschlossen, den Weg der Karriere weiter zu beschreiten.

»Ich habe langsam erkannt, daß mein Geschäft in Zyklen abläuft. Wenn ich nicht mal die Sau rauslassen kann, dann passiert nichts mit mir. Dann gibt es keine Hits, keine Millionen, nichts, dann steht alles still. Das heißt, im Prinzip steht das Publikum darauf, daß da auf der Bühne einer die Sau rausläßt, und dazu sind – und das beweist die Geschichte des Showbiz – gewisse Hilfsmittel notwendig, wie sie auch immer heißen mögen, schnelle Autos, Alkohol, Sex, ganz einfach Exzessivität. Und wenn man das ein oder zwei Jahre getan hat, muß man einfach regenerieren. Alles andere wäre Selbstmord.«

4

Beinahe zwei Wochen nach der ersten Auskoppelung, genau am 25. Mai 1985, hat Falco seine erste wirklich große Bewährungsprobe vor Publikum zu bestehen. Er, der im Jahr davor seine Tournee verschoben hat, weil er nicht ohne Hit auf die Bühne gehen wollte, wird eingeladen, unter freiem Himmel vor der gigantischen Kulisse des Wiener Rathauses, direkt gegenüber vom Wiener Burgtheater, einen Live-Auftritt zur Eröffnung der Wiener Festwochen zu bestreiten.

Helmut Zilk, der Wiener Bürgermeister, bei dem Falco auch in der Opernball-Loge eingeladen war, schätzt den Sänger: »Falco ist herb, originell und positiv. Er gefällt mir.«

Hans Hölzel hat anfangs mächtige Sorgen. Man hatte für gewöhnlich die phantastischen Festwochen mit Kulturdarbietungen aus dem ernsten Bereich, wie zum Beispiel mit dem Wiener Staatsopernballett, eröffnet, und es war noch nicht ganz klar abzusehen, wie das Publikum es aufnehmen würde, wenn plötzlich ein Pop-Star auf der Freiluftbühne steht und »Rock Me Amadeus« singt. Aber schon im Laufe des Tages zeigte es sich, daß der Abend wahrscheinlich alle Erwartungen übertreffen würde.

Die Straßen rundum und der große Platz vor dem Rathaus sind für jeden Verkehr gesperrt. Immer mehr Menschen drängen zum Rathaus, bis sich schließlich zu Beginn der Veranstaltung etwa 50 000 eingefunden haben, um Falco zu hören.

»Du wirst da urplötzlich mit einer ganz neuen Situation konfrontiert. Du stehst da oben, siehst Menschen, Men-

schen, Menschen, und plötzlich spürst du deine Macht. Ich finde es gefährlich, von einer Bühne aus Suggestionen auszuüben und ich habe nie für mich das Recht beansprucht, irgendwelche erzieherischen Maßnahmen zu verlangen, weder im Text, noch in der Performance. Ich sage

mir, wenn ich nicht selbst Persönlichkeit genug bin, daß ich
– auch ohne Suggestion auszuüben – auf der Bühne wirke,
bin ich ohnedies fehl dort. In der Moral eines Unterhaltungskünstlers muß nur eines Priorität haben, das Wissen nämlich, daß die Leute, die gekommen sind, ernsthaft bedient
werden wollen. Man muß sie ernst nehmen.«
Aber er weiß allmählich, daß ihm Macht auch Spaß bereiten
kann. »Mit zunehmendem Alter wird das immer stärker. Ab
einem bestimmten Zeitpunkt interessiert man sich wahrscheinlich nicht mehr fürs Geld. Worum es dann geht, das ist
das Hantieren mit den Mechanismen der Macht. Es ist
phantastisch, und es funktioniert wie bei Dominosteinen –
du stößt den ersten an, und nach einem mathematischen
System wird einer nach dem anderen umfallen.«
Der Abend wird zu einem Triumph für FALCO.
Er, der bisher eher in kleinen Sälen aufgetreten ist, kommt
mit den 50 000 hervorragend zurecht. »Es war eine Bom-
benstimmung«, schwärmte er später noch, »es gab keine
Schlägereien, keine Auseinandersetzungen, nichts.«
Als im Morgengrauen der Rathausplatz endlich leer ist, findet
man nur zwei zerbrochene Bierflaschen.
»Man ist«, sagt FALCO, »größtenteils selbst an dem, was unten
passiert, schuld. Man kann – wie zum Beispiel AC/DC oder
Heavy-Metal-Gruppen – Gewalttätigkeiten im Publikum
regelrecht provozieren. Natürlich gibt es, wenn man ein Star
ist, immer wieder Drohungen, und vor jedem Konzert gibt es
Drohungen, und ich weiß, daß es eine Menge Wahnsinniger
gibt. Aber ich habe aufgehört, mir darüber Gedanken zu
machen, was alles passieren könnte. Sonst könnte ich wirklich nur unter einer Käseglocke leben.«
Obwohl er 1987 für einige Monate nach Los Angeles gehen
will, ist es gerade die Unsicherheit in Amerika, die ihn bisher
davon abgehalten hat, es zu tun. »Ich unterhielt mich lange
darüber mit dem Producer Georgio Moroder, einem gebürti-
gen Südtiroler, der unter anderem für seine Musik zum Film

›American Gigolo‹ den Oscar bekam. Er erzählte mir, daß die Leute in Beverly Hills zwar alle ihre privaten Security-Sheriffs und tausend Sicherheitsvorkehrungen hätten, daß aber dennoch schrecklich viel passiert. Trotz Hundestaffeln und bis an die Zähne bewaffneten Wächtern wird alle vier, fünf Wochen ein Haus ausgeraubt und der Hausbesitzer gleich getötet. Die Gangster kommen dann mit Möbelwagen und machen alles nieder, was sich ihnen in den Weg stellt.«
Allerdings weiß FALCO auch: »Um wirklich *groß* zu werden, mußt du in Amerika leben!«
Obwohl er 1985 nicht einmal für eine Promotion-Tour in die USA geht, wird »Rock Me Amadeus« drei Wochen lang der Spitzenreiter aller großen amerikanischen Charts.
»Ich bin wirklich glücklich darüber«, sagt FALCO in einem Gespräch mit der »Los Angeles Times«, »aber ich sage mir auch, ich darf das nicht überbewerten. Ich war drei Wochen an der Spitze, doch die Charts haben *jede* Wochen einen Spitzenreiter, 52 mal pro Jahr. Ich glaube, daß das bloß der Beginn meiner Karriere sein kann.«

5

Während er im Sommer 1985 wie besessen an den letzten Mischungen für »Falco 3« im Studio in Hilversum arbeitet und zwischendurch einmal nach München fährt, weil er mit dem Leiter des Deutschen Theaters über ein Musical verhandelt, bekommt Falco eine Einladung nach Graz. Die Pop-Gruppe Opus lud österreichische Musiker zu einer gemeinsamen Veranstaltung in das Fußballstadion Liebenau ein. »Da ich bei der Platte ›Austria für Africa‹ nicht mitgemacht hatte, wollte ich dieses Mal nicht auch absagen.« Falco reiste mit Hans Mahr nach Graz und stellte verblüfft und erfreut fest, daß das Fußballstadion mit 25 000 Sitzplätzen bereits ausverkauft war. Neben den Gastgebern, Opus, machten noch Wolfgang Ambros, Rainhard Fendrich, Maria Bill und Wilfried mit.

Am 28. Juni, einem Freitag, sind die letzten Proben angesetzt, und nachdem Falco seinen Auftritt geprobt hatte, fährt er mit ein paar Freunden in die Innenstadt von Graz, um sich in einem Café die Zeit zu vertreiben.

Was damals niemand wußte und was Falco selbst auch erst viel später bewußt werden sollte, war die Tatsache, daß er sich zu jener Zeit nach einer neuen, beständigen Beziehung sehnte. Eine sehr enge Verbindung mit einem Mädchen, dem er zutiefst vertraut hatte, war gerade in die Brüche gegangen. »Eine ganz schmutzige Sache«, meinte ein Freund Falcos dazu, »eine Angelegenheit, bei der es um verschwundenes Geld und ähnlich beschämende Dinge ging.«

Das Karussell der losen Mädchenbekanntschaften hatte

schon längst seinen Reiz für Hans Hölzel verloren. Die Mädchen, die rund um seine Garderobe herumhingen oder ihm schmachtende Verehrerinnenbriefe schrieben, hatten ihn nie sonderlich interessiert. »Ich glaube zwar, daß der Erfolg eines Mannes ein gewisses Kriterium für seine Attraktivität bei Frauen ist«, sagte er einmal, »aber Groupies gab's bei mir eigentlich nie. Natürlich habe ich schon mal ein nettes Mädchen vor oder nach einem Konzert kennengelernt, und wenn eine wirklich gut aussieht, gibt es auch keine Probleme für sie, hinter die Bühne zu gelangen, aber ich habe – weder im Wiener Metropol, wo gerade 500 Menschen Platz haben, noch in der Stadthalle, wo 11 000 Menschen kamen – jemals erlebt, daß eine mit offener Bluse auf mich gewartet hätte.
Gab es tatsächlich mal Überfälle von Groupies, so war das ganz harmlos, wie in der Gruga-Halle in Essen, wo immer ein Schwarm von acht oder neun Mädchen hinter mir herlief, wohin ich auch ging. Aber die Kinder waren zwölf oder dreizehn Jahre alt, die waren völlig aus dem Häuschen, und ich mußte sie immer nur beruhigen, weil sie es nicht glauben wollten, daß sie mich, nachdem sie die Artikel über mich in ›Bravo‹ gesammelt hatten, nun leibhaftig sahen.«
Es gab immer, seit FALCOS Karriere anfing, treue Briefeschreiberinnen. »Die schreiben, meist auf umweltbewußtem Papier, lange, lange Geschichten, und ich versuche dann auch immer, zu antworten. Aber die tauchen nie wirklich auf.
Diese Stories von den Mädchen, die vor lauter Freude, ihren Star auf der Bühne zu sehen, die Höschen naßmachen, die halte ich für erfunden.«
FALCO hatte bei seinen Liebschaften immer die Einstellung, daß die jeweilige Partnerin mehr als nur ein hübsches Gesicht besitzen mußte.
»Wenn ich mit einem Mädchen nicht reden konnte, fand ich es auch nicht besonders attraktiv – und wenn es auf den

ersten Blick noch so gut ausgesehen haben mochte.«
Damals, am 28. Juni in dem Café in Graz, fällt Falco eine junge Frau auf, die ihn fasziniert: Sie hat eine unübersehbare Ähnlichkeit mit Sharon Tate, der schönen Frau von Roman Polanski, die die Hauptrolle im »Tanz der Vampire« gespielt hatte – ein schmales, zerbrechlich wirkendes Gesicht, große grüne Augen, blondes Haar.
In gewissem Sinne war das Verhalten Hans Hölzels damals wesentlich zurückhaltender und schüchterner, als sich aus seinem öffentlichen Auftreten schließen ließ. »Ich bat damals einen Freund, der mit mir am Tisch saß, zu dem Mädchen hinzugehen und sie zum Konzert einzuladen.«
Das schöne Mädchen sagte zu. »Und von dem Moment an«, sagt Falco rückblickend, »haben wir nicht mehr voneinander gelassen.«
Isabella Vitkovic zog zu Falco, und er verlangte von ihr, daß sie ihn überallhin begleiten sollte.
Im März 1986 interviewte ein Reporter der Musik-Zeitschrift »POP-Rocky« Falco. Ein Thema, das er immer wieder ansprach, war Falcos Freundin Isabella:
»Wie war das vor der Beziehung zu deiner jetzigen Freundin? Man sagt, daß du früher immer tüchtig zugeschlagen hast?«
»Das ist gelogen.«
»Warst du nie ein Schürzenjäger?«
»Ich war nie ein Frauenheld!«
»Wie würdest du reagieren, wenn du erfahren würdest, daß deine Freundin ein Verhältnis mit einem anderen Mann hat?«
»Ich würde sehr böse sein.«
»Was würdest du dagegen unternehmen?«
»Die Mädchen früher und meine jetzige Freundin, alle, die mit mir zusammenwaren, waren klug genug – sonst wären sie auch nicht mit mir zusammengewesen –, um zu wissen, daß sie sich das nicht leisten können.«

»Ist dir die Treue wichtig?«
»Absolut, und zwar von beiden Seiten!«
»Was bedeutet Liebe für dich?«
»Liebe ist nicht nur ein Wort. Vertrauen, Zuneigung, Zärtlichkeit und nicht zuletzt Sex, das ist Liebe.«
»Hat Sex einen großen Stellenwert in deinem Leben?«
»Ich würde sagen, den gleichen Stellenwert, wie bei jedem anderen normalen Mann.«

Zu dem Zeitpunkt, als FALCO Isabella kennenlernte, war sie noch verheiratet. »Ich war sicherlich nicht ausschlaggebend für die Zerrüttung der Ehe, Isabella hatte schon davor einsehen müssen, daß es so, wie sie lebte, nicht weitergehen könne, daß sie wahrscheinlich noch viel zu jung war, um eine herkömmliche Ehe mit einem wesentlich älteren, gutsituierten Mann zu führen.«

6

Isabella Vitkovic ist das älteste von vier Kindern einer bürgerlichen Grazer Familie. »Es ist ganz merkwürdig«, sagte FALCO einmal, »aber ich habe offenbar mit den Frauen in Wien meine Probleme. Meine Freundinnen sind fast immer aus anderen Städten . . .«
Vielleicht liegt das daran, daß er ab einem bestimmten Zeitpunkt seiner Popularität aufgehört hatte, auszugehen. »Es gab Abende«, erzählt Billy Filanowski, »da hatten wir absolut keine Lust, das Haus zu verlassen. Da hat dann seine Freundin oder meine Freundin daheim gekocht, und es war richtig gemütlich.«
Wenn er auf Tournee oder in einer anderen Stadt war, um im Fernsehen aufzutreten oder etwas für seine Plattenpromotion zu machen, war das natürlich etwas anderes. Und so lernte er in Graz auch Isabella kennen.
»Wenn ich mich zurückerinnere, fiel als erstes mir wohl ihre Schlagfertigkeit auf.« Hans lagen zu diesem Zeitpunkt Unmengen von Frauen zu Füßen. »Ich wollte aber nie ein Vehikel für eine Dumme sein, sie ins Rampenlicht zu stellen, da hab' ich mich immer davor gedrückt«, sagt er ganz offen. »Ich kam weniger an Medizinstudentinnen ran als an Mädchen, die im Nachtleben verkehrten, die man dort trifft, wo Musiker sind. Da gibt es natürlich auch Klassen unter diesen Mädchen, und ich war immer in der Oberklasse. Es gibt da gewaltige Differenzierungen, und ich hab es immer vermieden, mit den Dummen zusammenzusein.«
Als er Isabella traf, war mit einem Schlag alles anders. Er spürte sofort, daß sie nicht nur sehr schön war, sondern

auch soviel Persönlichkeit mitbrachte, wie er es bei einer so jungen Frau noch nicht erlebt hatte: »Ich denke, sie hat mit ihren lausigen 23 Jahren genügend Fehler gemacht, um eine ausgewachsene Frau zu sein.« Auch Isabella wußte den trockenen Humor FALCOS zu schätzen.

Am Tag nach dem großen Konzert nahm er sie mit in eine Bar, wo die Künstler einander noch trafen und wo es auch zu einem Shakehands zwischen ihm und Wilfried, mit dem er ja seit vielen Jahren in einem verbalen Clinch lag, kam. Isabella hatte zuletzt mit einem österreichischen Fußballstar zusammengelebt, ehe sie sich dazu entschloß, einen Mann zu heiraten, der 19 Jahre älter ist als sie und der ihr – nicht zuletzt – durch seine Beständigkeit und Bürgerlichkeit imponierte. Er besaß ein Gestüt mit Turnierpferden und verdiente sein Geld als Kaufmann.

Aber Isabella fühlte schon bald, daß sie das Leben an der Seite dieses Mannes nicht befriedigte. Hans beschrieb sie einmal so: »Sie hat viel gesehen, sie ist eine toughe Hausfrau, die alles kann und sich nie beklagt, sie kennt das Leben, sie stand hinter der Bar und vor der Bar, sie ist monatelang nicht aus dem Haus gegangen, weil ihr das wilde Leben wiederum nicht gefiel, sie ist eine sehr starke Persönlichkeit, weil sie so viele Seiten des Lebens kennengelernt hat.«

Dieses Zusammentreffen mit Isabella veränderte FALCOS Leben radikal. Er war bis über beide Ohren verliebt. »Ich bin gewohnt, immer alles zu sagen, was ich empfinde. Bei mir kann jeder an meinem Gesicht ablesen, wie es mir geht, Isabella ist da anders, sie versucht die Probleme zuerst mit sich selbst auszumachen, ehe sie darüber spricht, oder sie sagt überhaupt nichts.«

Am nächsten Tag sagte Hans zu Isabella: »Pack' deine Sachen zusammen und komm' mit mir mit. Du hast hier bei dem Mann nichts verloren. Ich brauche dich.«

Wenn sie in einem Hotel abstiegen, trug sich Isabella unter

ihrem richtigen Namen an der Reception ein. Das verwirrte Hans anfangs, da sie ja noch verheiratet war. »Ich fragte sie, ob das klug sei, ob sie unser Zusammensein nicht noch nach außen hin verbergen wolle.« Und Isabella antwortete: »Nein. Es ist ohnedies aus mit ihm.«
Sie verabscheute Lüge und halbe Sachen, FALCO merkte bald, daß sie so viel Kraft hatte, wie er es noch selten bei einem Menschen erlebt hatte.
Nach einer Weile merkte Isabella, daß sie von FALCO schwanger war. Hans sagt: »Sie war sich ziemlich klar darüber, daß sie gern ein Baby haben wollte, aber sie war sich lange Zeit nicht klar darüber, ob sie von *mir* ein Baby wollte.«
Sie verschwieg ihm die ersten Wochen der Schwangerschaft, um mit sich selbst ins reine zu kommen, was dieses Kind von Hans Hölzel für ihr zukünftiges Leben bedeutete und ob es richtig war, mit ihm ein Kind zu haben.
FALCO: »Andere Leute lernen einander kennen, verlieben sich ineinander, verloben sich, heiraten und kriegen ein Kind. Ich habe den Eindruck, bei uns kam dieser Kreislauf völlig durcheinander.«
Bis zu diesem Zeitpunkt war FALCO noch niemals ernsthaft mit dem Gedanken konfrontiert worden, daß er Vater werden könnte. »Vor vielen Jahren, als ich noch bei Spinning Wheel spielte und ein armer Musiker war, meinte ein Mädchen, mit dem ich eine Weile zusammen war, es würde ein Kind bekommen. Das war damals für uns ein schrecklicher Gedanke, ich war kaum 20 Jahre alt, das Mädchen noch jünger, wir hatten beide kein Geld, und an eine Familiengründung war nicht zu denken.«
Als sich herausstellte, daß alles ein Irrtum gewesen war, atmete FALCO auf. Vor nicht allzu langer Zeit begegnete das Mädchen von damals Maria Hölzel und trank eine Tasse Kaffee mit ihr, um ein wenig über alte Zeiten zu plaudern. Und während des Gesprächs sagte das Mädchen: »Eigentlich

schade, wenn ich gewußt hätte, was aus Hans werden würde, hätte ich gern ein Baby mit ihm gehabt.«
Nachdem Hans und Isabella zwei Monate lang sehr eng zusammenlebten, fand sie den Gedanken, von ihm ein Babys zu bekommen, immer verlockender. Und schließlich erzählte sie ihm von ihrer Schwangerschaft und fragte ihn, was er davon hielte.
Hans war vom ersten Moment an begeistert. »Emotionell war es für mich eine ganz klare Entscheidung, ich wollte, daß sie das Baby bekam.« Und spöttisch fügt er hinzu: »Eine schöne Frau und ich, das mußte ja ein schönes Kind werden.«
Aber für ihn waren auch viele andere Dinge ausschlaggebend. Billy Filanowski sagt: »Er hat zu dem Zeitpunkt tief in seinem Inneren nach Beständigkeit gesucht. Er wollte eine fixe Beziehung, und er wollte ein Kind als Bestätigung der Beziehung.« Und Hans sagt selbst: »Ich wollte dem wilden Leben langsam einen Riegel vorschieben. Ohne das Baby wäre ich zwar auch mit Isabella zusammen geblieben, aber wer weiß, wie lange das gedauert hätte? Nach zwei oder drei oder fünf Jahren wären wir wieder auseinander gegangen. Egal, ob wir vielleicht geheiratet hätten oder nicht. Ein Kind aber ist ein bewahrendes Element, das wird auch in den kommenden Jahren nicht anders sein.«
FALCO machte Isabella schon früh klar, daß er sie und später auch noch das Baby immer bei sich haben möchte. »Wenn das Kind zwei Jahre alt ist, gibt es keine Probleme mehr. Dann können beide mit mir fliegen. Oder herumreisen.«
In »people« sagte Hans: »Ich sage von Isabella einfach *meine Frau,* obwohl wir nicht verheiratet sind und nicht vorhaben, zu heiraten. Aber sie hat alle Rechte einer Ehefrau.«
Obgleich das Baby unterwegs war, waren beide einig, ihre Partnerschaft nicht mit einem Ehekontrakt belasten zu wollen. Hans hatte unter der Trennung und der Scheidung seiner Eltern sehr gelitten, und auch Isabellas Eltern waren

geschieden, so daß »wir manchmal dachten, die Ehe *müsse* einfach mit Zank und Auseinandersetzungen enden. Und das wollen wir nicht.«
Aber natürlich macht sich FALCO darüber Gedanken, was sein würde, wenn ihr Kind heranwachsen und später zur Schule gehen würde. »Es läßt sich natürlich nicht vermeiden, daß dann alle Leute fragen, wieso das Kind nicht Hölzel heißt, sondern Vitkovic, und deshalb habe ich mich entschlossen, das Baby zu adoptieren.«

7

Nach den großen Plattenerfolgen fühlt sich FALCO im Herbst 1985 stark genug, endlich eine Tournee zu starten. »Vor ›Rock Me Amadeus‹ auf Tournee zu gehen, wäre mörderisch gewesen«, sagte er, »aber jetzt ist eine Tournee nur noch ein kalkuliertes Risiko. Es ist jetzt an der Zeit, bei den Fans anzuklopfen, und zu sagen ›Hear we are!‹«
Es war sicherlich nicht die beste Zeit für einen jungen Künstler, seine Tournee vorzubereiten. Geplante Touren anderer Sänger wurden gerade abgesagt, Stars wie Udo Lindenberg oder Nena mußten teilweise vor halbleeren Hallen auftreten. Zu dem finanziellen Verlust kamen noch die Häme und der Spott in den Zeitungskritiken. Hans weiß ganz genau: »Wenn du volle Hallen hast, nimmt dir niemand etwas übel, wenn die Hallen leer sind, machen dich die Journalisten fertig.«
Einmal fragte ihn vor dem Tourneestart ein Reporter der Illustrierten »Quick«, weshalb seiner Meinung nach gerade die Österreicher in Deutschland so viel Erfolg hätten, während die meisten deutschen Künstler mit ihren Verkaufszahlen einbrächen. Und FALCO antwortete: »Die Deutschen haben wahrscheinlich zu wenig Schmäh, sie nehmen sich tierisch ernst. Es gibt natürlich Ausnahmen – ein Peter Maffay hat Schmäh und ein Purple Schulz auch.« In diesem Intervierw sagte FALCO noch: »Inzwischen habe ich gelernt, daß man es nicht nötig hat, den Mund groß aufzureißen, wenn man erfolgreich ist. Ich war nie so hochnäsig wie Nena. Ich möchte, daß die Menschen einmal von mir sagen, der Kerl ist arrogant, er ist dumm, er ist ganz normal, er ist

sehr nett, zum Teufel, wir wissen eigentlich nicht, was wir von ihm halten sollen.«

Für seine Tour hatte sich FALCO von Brigitte Meier-Schomburg Bühnenkostüme schneidern lassen. Er hat vor, die Kleidung öfter zu wechseln. Am liebsten mag er eine rote Uniformjacke mit dicken goldenen Biesen, die sie ihm im Stil von »Sgt. Pepper's Lonely Hearts Club Band« der Beatles anfertigt. Diese Jacke trägt er zu Lederhosen und Tennisschuhen, wenn er seinen Hit »Amadeus« singt.

Er hat auch einige weitgeschnittene Seidenhemden, und wenn er »Auf der Flucht« singt, den Song, den noch Robert Ponger komponiert hat, trägt er eine Lederjacke dazu.

Die Wiener Stadthalle ist am 31. Oktober 1985, einem Donnerstag, bis auf den letzten Platz ausverkauft. 11 000 Zuschauer jubeln FALCO zu, als er gegen Ende seines Auftritts, auf einem Barhocker sitzend und eine Zigarette rauchend, den alten Dylan-Song, »It's All Over Now, Baby Blue« intoniert. Bei der Stelle, die er eingedeutscht hat

». . . aber was vorbei ist, ist vorbei, Baby Blue«, leuchten plötzlich in der abgedunkelten Halle aber Tausende Feuerzeuge auf, deren Flammen wie ein sternenübersäter Nachthimmel zur Bühne blinken.
Sein Troß, mit dem er nach Salzburg, Berlin, Bielefeld, Köln, Hamburg, Zürich, München und Frankfurt auf Tour geht, umfaßt 32 Personen. Neben seinem alten Kumpel Peter Vieweger, der als Bandleader, Gitarrist und Chorsänger für ihn arbeitet, sind noch Helmut Bibl, ein Österreicher, der früher einmal bei Hallucination Company mitgemacht hat und zuletzt beim Rocktheater »Total Normal« spielte, Herbert Pistracher, Ex-Baßgitarrist von Christine Jones' Jonesmobil, Polio Brezina, ein Keyboard-Mann, den FALCO auch noch von der Hallucination Company kennt, Thomas Rabitsch und sein Bruder Bernhard (Keyboard und Trompete sowie Percussion), Othmar Klein, ein Jazz-Saxophonist mit einem atemberaubenden Solo bei dem Song »Hoch wie nie«, und Bodo Schopf, der Drummer, ein gebürtiger Stuttgarter, als Musiker dabei.
Die Voraussetzungen für die Tour sind hervorragend. »Rock Me Amadeus« lag sechs Wochen lang an der Spitze der Ö3-Hitparade, vier Wochen an erster Stelle der deutschen Charts. Als FALCO seine Tournee startet, sind in Österreich davon bereits 60 000 und in Deutschland mehr als 600 000 Singles verkauft. Das bedeutet natürlich in beiden Ländern die Goldene Schallplatte für FALCO.
Für eine halbe Million verkaufter Alben gibt es in der Bundesrepublik Deutschland Platin, auch das erreichte FALCO. Seine Plattenkäufer, das weiß er inzwischen, sind junge Leute, 15, 16 Jahre alt. »Inzwischen ist es von seiten der Industrie auch in Mode gekommen, verschiedene Nummern in unterschiedlichen Plattenversionen anzubieten. Wir haben beispielsweise von ›Amadeus‹ eine 7 Inch, eine 12 Inch und einen Salieri-Mix gemacht, das heißt, vom Start weg hatten wir drei verschiedene ›Amadeus‹-Versionen.«

8

FALCO hat sich schon oft Gedanken darüber gemacht, ob er jemals spürte, daß ein Lied, das er gerade aufnahm, ein Hit werden würde. Er zweifelte oft daran. Anders bei »Jeanny«. »Da war«, bestätigt auch Hans Mahr, »von vornherein klar, daß das Lied ein Hit würde. Und zwar abgesehen von all dem Streit, den Diskussionen und der Zensur bei manchen Rundfunkanstalten, die Hand in Hand mit der Auskoppelung von ›Jeanny‹ gingen.«

FALCO: »An ›Jeanny‹ glaubte ich ganz fest. Ich war so von dem Erfolg überzeugt, daß ich auch meine Taktik mit den Auskoppelungen durchbrachte. Für gewöhnlich ist es üblich, daß man ein Lied als Single auskoppelt, von dem man ahnt, es könnte ein Hit werden. Und dann trumpft man als nächstes entweder mit einem noch größeren Hit auf, oder die Auskoppelung ist schwächer, und damit hat sich's, das Album gerät langsam in Vergessenheit.«

Bei »FALCO 3« beschritt Hans Hölzel einen neuen Weg.

»Ich ließ nach ›Amadeus‹ auch ›Vienna Calling‹ auskoppeln, ein Song, der nicht schlecht ist, aber eher eine flache Nummer.« Immerhin – 350 000 Singles wurden wieder verkauft, sowohl in der Hitparade Luxemburgs, als auch Österreichs und der Bundesrepublik lag »Vienna Calling« vorn. (Das hervorragende Video dazu wurde übrigens nicht in einem Wiener Café, sondern im Café Reitschule in München gemacht.)

FALCO: »Aber der Verkauf der neuen Single reichte nicht mehr für eine Goldene Schallplatte, und viele sagte bereits, aha, dem Kerl ist nach ›Amadeus‹ wieder die Luft ausgegan-

gen, jetzt wird es passieren wie nach dem ›Kommissar‹, jetzt braucht er wieder ein paar Jahre, ehe er sich erholt.«
Als »Jeanny« auf den Markt kommt, gibt es einen Skandal! Der Wirbel fängt – genau genommen – mit einer Nachrichtensendung im ZDF an, dem »heute journal«, das von vielen Millionen Deutschen gesehen wird. Dieter Kronzucker, der die Sendung moderiert, sagte am Anfang der Nachrichtensendung: »Ich hörte ›Jeanny‹ zufällig im Autoradio auf dem Weg ins Studio und war entsetzt. Denn in diesem sogenannten Hit geht es ganz augenscheinlich um die Entführung, Vergewaltigung und Ermordung einer 19jährigen.«
Eine deutsche Illustrierte schrieb darüber: »Dieter Kronzukker wirkte, während er dies sagte, so tief betroffen und persönlich engagiert, wie man den sonst so souveränen ehemaligen ZDF-Korrespondenten aus Washington gar nicht kennt.«
Die Gründe für die Betroffenheit des Moderators lagen auf der Hand. Sechs Jahre zuvor waren seine beiden Töchter – Susanne, damals 15, und Sabine, damals 13 – und deren Vetter von italienischen Kidnappern entführt und 68 schreckliche Tage lang gefangengehalten worden, ehe sie nach einer Lösegeldzahlung in Millionenhöhe freigelassen wurden.
Während Kronzucker im ZDF seine Anklage gegen den Song sprach, flimmerte hinter ihm per Blue Box das Video, das Hannes Rossacher und Rudolf Dolezal zu der Auskoppelung gedreht hatten.
Die Illustrierte »Quick« beschrieb in einer Titelgeschichte über Falcos »schaurigen Song« das Video so: »Ein blutjunges Mädchen malt sich mit Lippenstift einen knallroten Mund. Signal für einen finsteren Typen, das junge, bildhübsche Ding anzumachen. Das Ende vom Liebeslied: Das Mädchen Jeanny liegt auf dem Waldboden, vom Regen durchnäßt, ohne Schuhe; später im weißen Kleid aufgebahrt zwischen brennenden Kerzen. Wurde sie vergewaltigt,

ermordet, oder war alles nur ein phantastischer Alptraum?«
»Jeanny« wurde von der 15jährigen Schülerin Theresa Guggenberger gespielt, die nach einem Casting bei ihrer Modellagentin »völlig überraschend« für den Part ausgewählt worden war. Die Dreharbeiten, teilweise in den riesigen Wiener Kanalisations-Grotten unter der Erde, die schon Orson Welles als Kulissen für seinen Film »Der dritte Mann« dienten, dauerten drei Tage, meist wurde zwölf Stunden oder länger gearbeitet. Theresa Guggenberger sagte nachher: »FALCO war zu mir immer wahnsinnig nett. Ich habe seine Leistung bewundert. Nicht nur von der Stimme her, er hat auch große schauspielerische Fähigkeiten.«
Theresa Guggenbergers Eltern hatten einen Antiquitätenladen in Salzburg, sie selbst studierte in Wien Musical und bekam für die Dreharbeiten 2000 Mark.
Aber wenn man nach dem Video-Clip auch nicht absehen konnte, ob das Mädchen Jeanny umkommt oder nicht, so schien der Text – zumindest dem Fernsehmann Dieter Kronzucker – eindeutig zu sein.
FALCO singt: »Jeanny, komm' come on, steh' auf, bitte, du wirst ganz naß, schon spät, komm, wir müssen weg hier, raus aus dem Wald, verstehst du nicht? Wo ist dein Schuh? Du hast ihn verloren, als ich dir den Weg zeigen mußte. Wer hat verloren? Du dich? Ich mich? Oder wir uns? Jeanny quit living on dreams. Life is not what it seems. Such a lonely little girl in a cold, cold world, there's someone who needs you . . . You lost in the night, don't wanna struggle and fight. Es ist kalt, wir müssen weg hier. Komm . . . dein Lippenstift ist verwischt, du hast ihn gekauft und ich habe es gesehen. Zuviel Rot auf deinen Lippen. Und du hast gesagt: ›Mach mich nicht an!‹ Aber du warst durchschaut. Augen sagen mehr als Worte. Du brauchst mich doch, hmmm? Alle wissen, daß wir zusammen sind ab heute. Jetzt hör ich sie, sie kommen, sie kommen, dich zu holen. Sie werden dich nicht finden. Niemand wird dich finden, du bist bei mir.«

Am Ende erklang noch die Stimme des deutschen Tagesschausprechers Wilhelm Wieben, der kühl sagt: »In den letzten Monaten ist die Zahl der vermißten Personen dramatisch angestiegen. Die jüngste Veröffentlichung der lokalen Polizeibehörden berichten von einem weiteren tragischen Fall. Es handelt sich um ein 19jähriges Mädchen, das zuletzt vor 14 Tagen gesehen wurde. Die Polizei schließt die Möglichkeit nicht aus, daß es sich hier um ein Verbrechen handelt.«
Kronzucker forderte in der Fernsehsendung »heute journal« noch, daß die Rundfunkanstalten darauf verzichten sollten, dieses Lied zu senden.
Und tatsächlich fing am nächsten Tag quer durch die Bundesrepublik ein Boykott von »Jeanny« an. Am schnellsten reagierte man beim Bayerischen Rundfunk. »Ich finde die Platte geschmacklos, so etwas hat in unserem Programm nichts verloren«, äußerte sich der Programmdirektor und kippte den Hit aus dem Programm. Auch beim Hamburger NDR zog man die Konsequenzen: »Weil sich Hunderte von Hörern bei uns beschweren«, gab ein Redaktionssprecher bekannt, »wird der Song nicht mehr gespielt werden.« In Hessen löste man den Problemfall »Jeanny« anders: »Es gibt kein generelles Verbot«, sagte man dazu, »aber bevor die Platte gespielt wird, kündigt sie der Discjockey mit erklärenden Worten an.«
Auch in Berlin verkniff man es sich, »Jeanny« beim öffentlich-rechtlichen Rundfunk zu senden.
Am schlimmsten griff jedoch Thomas Gottschalk (»Na sowas«) in einer Kolumne in der »Münchner Abendzeitung« FALCO an. Er schrieb unter anderem: »Ein Wiener Würstchen produziert Schwachsinn. ... FALCO hat mit ›Amadeus‹ bewiesen, daß er voll im Trend liegt. Er ist ein guter Musiker und ein netter Typ. Das macht alles noch schlimmer. Denn gerade haben die Idole der Rockmusik angefangen, gegen die Rassentrennung und den Hunger anzusingen, da kommt

so ein Wiener Würstchen daher und fabriziert apokryphen Schwachsinn.« Und weiter: »FALCOS Fieselton und die Latrinen-Ansichten in seinem Video sind ganz einfach eine Zumutung für jeden, der hinhört oder hinschaut. Aber das ist wohl aus der Mode gekommen... Aber bei dem, was Frauen und Mädchen wirklich zustößt, sollten FALCO seine Gesänge im Hals steckenbleiben.«
Beinahe alle großen Zeitungen und Magazine nahmen sich in der Folge des Themas an.
Die Reaktionen auf den Gottschalk-Artikel füllten ein paar Tage lang in der Münchner »Abendzeitung« immer wieder die Leserbrief-Spalten.
Und die meisten Briefschreiber verwahrten sich dagegen, daß ein Lied von einer Rundfunkanstalt auf die schwarze Liste gesetzt wird. In Hamburg beschäftigte sich sogar der Musikwissenschaftler Professor Hermann Rauhe, der an der Universität auch Erziehungswissenschaften lehrt, mit »Jeanny«. Bei einem Vortrag in der Katholischen Akademie, der ein großes Medienecho hatte, verwies er auch auf den FALCO-Hit. Die »Süddeutsche Zeitung« schrieb am darauffolgenden Tag: »Von dem Song, in dem, wenn auch auf nicht ganz eindeutige Weise, von einem Verbrechen die Rede sei, seien bereits 300 000 Platten verkauft worden. ›Jeanny‹ zeige besonders deutlich, wie die Wirkung von Schlagern entscheidend von den nicht-verbalen Anteilen, also von der Art der Präsentation, dem Rhythmus, dem Sound, der Animation zum Mitsingen abhänge. Hierin liegt für Rauhe auch die Gefahr solcher Titel. Rauhe begrüßte, daß FALCOS Hit von einigen Sendern aus dem Programm genommen wurde.«
Tatsächlich schoß mit den öffentlichen Diskussionen der Verkauf der Single sprunghaft in die Höhe. Pro Tag wurden in den Plattenläden 30 000 bis 50 000 Scheiben gekauft. Die »Quick« schrieb: »Seit Anfang Dezember ging ›Jeanny‹ 400 000mal über den Ladentisch. Seit über ›Jeanny‹ öffent-

lich gestritten wird, laufen die Plattenpressen erst recht auf Hochtouren.«

FALCO nahm später zu dem Wirbel ausführlich Stellung. Als es mit dem Skandal losging, machte er gerade auf den Virgin Islands Urlaub und bekam herzlich wenig von den Angriffen mit. Er sagte nach seiner Rückkehr: »Ich ahnte, daß ›Jeanny‹ nicht ohne Auseinandersetzungen gesendet werden würde, aber welche Ausmaße diese Affäre bekommen sollte, wußte ich natürlich nicht. Daß mein Lied in den deutschen Hauptabendnachrichten Präsident Reagans Auseinandersetzung mit Ghaddafi verdrängen würde, übersteigt natürlich meine schlimmsten Befürchtungen.«

Während FALCO noch Urlaub machte, setzte sein Management eine Gegenbewegung in Gang. Man gab zum Beispiel Aufkleber mit der Nachricht »Jeanny lebt!« heraus. Ohnedies war von FALCO das Lied nur als erster Teil einer Trilogie vorgesehen gewesen. Es war schon bei der Produktion sicher, daß er auf seiner nächsten Platte »Jeanny 2« singen würde, und er spekulierte damit, daß vielleicht die Regensburger Fürstin Gloria von Thurn und Taxis, die er kennengelernt hatte und die kein Geheimnis daraus machte, daß sie gern einmal vor der Kamera stünde, für das Video in Part 2 die Rolle der Jeanny übernehmen könnte.

Auch nach FALCOS Rückkehr aus den Ferien ging der Wirbel um »Jeanny« weiter. Als er sich bereit erklärte, am Telefon der »Bild«-Zeitung Anrufe von seinen Fans entgegenzunehmen, brachen alle Telefonleitungen zusammen, so groß war der Rummel. Die meisten wollten natürlich wissen, wie es mit dem Lied weiterginge, und FALCO sagte wiederholt: »Es wird auf jeden Fall einen zweiten Teil mit der Erklärung zu Jeannys Schicksal geben. Aber eines kann ich schon jetzt verraten: Jeanny lebt!«

Am 3. Februar 1986 wollte der Bayerische Rundfunk die 100. Folge der Pop-Sendung »Formel 1« senden. Dabei kam es – wiederum wegen »Jeanny« – zu einem Eklat. In der

Live-Sendung werden auch stets die Spitzenreiter der Hitparade vorgestellt, und trotz aller Boykotte verkaufte sich »Jeanny« zu jener Zeit so gut, daß die Moderatorin, Stefanie Tücking, Hans in die Sendung einladen mußte.

Sein Lied lag an der Spitze, und für die Rundfunkleute war die Situation recht prekär: Sollten sie darauf verzichten, in der 100. Sendung den Spitzentitel der Charts spielen und sich damit vorwerfen zu lassen, puritanisch und verzopft zu sein, oder sollten sie das Lied senden und sich damit in Opposition zum Hörfunk zu stellen, der den Song auf die schwarze Liste gesetzt hatte?

Der Moderatorin war klar, daß sie den Song auf keinen Fall unkommentiert lassen konnte, deshalb produzierte sie mit FALCO vorab ein Interview.

Beide, Stefanie Tücking und FALCO, erschienen mit dunklen Hüten und in dunklen Mänteln vor der Kamera, und Stefanie fragte FALCO: »Du warst in Urlaub, als deine Single Nummer eins wurde und das ganze Theater hier in Deutschland losging.«

FALCO: »Ich war einen Monat in Brasilien, hab' aber ein gerüttelt Maß von dem Zirkus, der da abging, mitgekriegt. Ich muß das jetzt erst noch ein bißchen nachlesen in den verschiedenen Gazetten. Zu dem, was da alles passiert ist, kann ich nur sagen: Ich halte dieses ganze Spiel für äußerst überzogen und übertrieben. Ich meine, über Geschmack läßt sich ja bekanntlich nicht streiten. Es gibt Leute, die haben welchen, und es gibt Leute, die haben keinen.«

Er sagt noch: »Das Lied ist ein Liebeslied, das so konzipiert und durchgeführt wurde, daß es sicherlich interpretierbar ist. Die wenigen Leute, diese Minderheit, die meint, hier ein eindeutiges Gewaltverbrechen oder sonst irgend was drin erkennen zu müssen, haben einen wesentlich schaurigeren Geschmack, als es im Sinne des Erfinders war.«

Eineinhalb Stunden vor Beginn der Live-Sendung kommt es zu dem Eklat, als sich der Fernsehdirektor Helmut Oeller

einmischt und nicht nur die Ausstrahlung des Songs verbietet, sondern auch verlangt, daß das Interview mit FALCO nicht gesendet wird.
Die Moderatorin Stefanie Tücking war wie vor den Kopf geschlagen. Sie sagte: »Wenn man ein Lied nicht bringt, mag das ja okay sein. Aber ich finde es nicht richtig, einem Künstler zu verwehren, seine Meinung zu sagen. Die Statements rauszuschneiden ist ein starkes Stück.«
Stefanie Tücking entschloß sich dann, in der Live-Sendung den Text ihres Interviews mit FALCO einfach vom Blatt vorzulesen. Sie sagte dazu: »Selbst wenn ich Schwierigkeiten bekommen würde, ich würde es immer wieder so machen.«
Doch merkwürdigerweise hielt in dem Fall der Fernsehdirektor still, es gab nicht einmal einen Verweis für die »Formel 1«-Macherin. »Wir geben einem Moderator bei einer Live-Sendung Spielraum«, erklärte man dann beim Bayerischen Rundfunk, »der Alleingang von Frau Tücking wird bei uns nicht mehr diskutiert.«
Ganz anders reagierte der Hessische Rundfunk, der ebenfalls »Formel 1« in seinem dritten Programm bringt. Dort wurde die Sendung ohne Schnitte, mit »Jeanny«, gebracht und ein Redaktionssprecher sprach sogar von »einem Trara in Bayern, das wir blöd finden.« Doch nicht genug mit diesen Auseinandersetzungen; einige Leute bei der Bundesprüfstelle für jugendgefährdende Schriften stellten sogar den Antrag, »Jeanny« auf den Index zu setzen und damit zu indizieren. »Ein doppelbödiger Gedanke«, sagt FALCO dazu, »denn die Platte darf weiter verkauft werden, sie darf nur nicht öffentlich verkauft werden. Das ist, wie wenn einer sagt, er bezahlt Steuern, nur bezahlt er die schwarz. Da ist doch Unsinn.«
Unter anderem hatte das Jugendamt in Freising, dem Bischofssitz vor München, einen Indizierungsantrag gestellt. FALCO ist wirklich verblüfft: »Da wird die Diskussion von den Leuten dauernd am Kochen gehalten und mir wirft man

dann vor, ich würde an der Nachfrage, die damit geweckt wird, verdienen.«

Er sagte auch: »Die erste und letzte Schallplatte, die bis heute in der Bundesrepublik indiziert wurde, war im Jahr 1958 eine Platte mit Reden von Adolf Hitler, die deutlich neonazistische Tendenzen hatte.

Ich wehre mich dagegen, den Leuten ›99 Luftballons‹ und ähnliches vorzusetzen, so etwas liegt mir nicht, und ich halte es für absolut moralisch, auch einmal Texte zu singen, die zwiespältig sind, über die man diskutieren muß. Es ist, finde ich, mein gutes Recht, so etwas zu machen.«

Es dauert bis zum 13. März – zufällig dem Geburtstag von FALCOS Tochter –, ehe sich die Bundesprüfstelle für jugendgefährdende Schriften zu den Anträgen äußert. Von vornherein wird ein Verkaufsverbot der Platte abgelehnt, und die Bundesprüfstelle kommt zu dem Schluß: »Die Frage, ob der Song die Vergewaltigung oder gar Ermordung eines jungen Mädchens schildert und damit verrohend wirkt, bleibt widersprüchlich. Eine Jugendgefährdung konnte nicht wahrscheinlich gemacht werden, da die Interpretationsmöglichkeiten des Stückes zu vielfältig sind.«

Beim Jugendamt in Freising erklärte man daraufhin einem Reporter der »Münchner Abendzeitung«: »Wir sind enttäuscht, weil solche Dinge Signalwirkung darauf haben, wie weit und wie eindeutig die Grenzen in diesem Bereich noch ausgereizt werden dürfen.«

Der Rummel um den Song, der größere Ausmaße angenommen hat, als bei jedem anderen Lied in den 80er Jahren in Deutschland, führt dazu, daß sich einige andere Interpreten des Liedes annehmen und mit ironischen Texten nachziehen. Schließlich gelingt es sogar Frank Zander, damit in die Hitparaden zu kommen.

In Wien befragte »basta« den ehemaligen Kollegen von Hans bei Drahdiwaberl, Stefan Weber, was er von »Jeanny« hielte, und er äußerte sich ziemlich rüde über das Lied. Er sagte,

der Song sei schrecklich, »als ich es das erstemal gehört habe, dachte ich, jetzt wird der Hölzel politisch, ich habe nämlich immer ›Chile‹ verstanden. Dann der Newsflash mit den Vermißten. Dann hab' ich erst kapiert, worum es geht.«
Anfang April preßten Drahdiwaberl ihre »Jeanny«-Version auf Platte, und der Text dazu war eindeutig: »Jeanny – bitte noch ein Verbot, Jeanny – du bist niemals tot, solange du lebst gibt es FALCO total«, heißt es da, und: »Du lebst, verstehst du nicht? Wo ist dein Palmers-Slip? Du hast ihn verloren, als ich dir mein Bilderland-Leibchen und Papas Schweindi zeigen mußte. Wer hat mehr verloren oder gewonnen? Meine Plattenfirma, mein Manager, die Steuer, oder ich?«
Ziemlich deutlich tritt das zutage, was FALCO einmal als Neidkomplex bezeichnet hat. Aber ihm können all die Anfeindungen eigentlich egal sein, seine Karriere hat alles bisher Dagewesene in den Schatten gestellt, zu der Zeit schreibt »people« bereits: »›Rock Me Amadeus‹« wird in vielen, vielen Ländern Nr. 1, in den USA, Brasilien, Israel und Indien. Weltweit wurden bereits drei Millionen Platten verkauft, und das pushte FALCOS 3. Album sogar unter die besten fünf Amerikas.«
Ein starkes Stück bei einem Album, das auf Deutsch herausgekommen ist. FALCO dazu: »Man spricht in Amerika immer noch Englisch, man hört aber zunehmend deutschsprachige Pop-Songs, nämlich meine!«

9

Falcos erste große Tournee wurde ein riesengroßer Erfolg. Er hatte für seine Auftritte in Deutschland, der Schweiz und Österreich – sieht man einmal von der Wiener Stadthalle ab – ganz bewußt nicht die größten Hallen ausgewählt. »Ich halte es für besser, eine Tournee ist ausverkauft, als wenn man in einer Halle singt, die nur zu einem Achtel besucht ist«, sagt er.

In München beispielsweise trat er in der kleinen Alabamahalle auf. Am selben Abend gab die Spider Murphey Gang in München ein Konzert, und deshalb war Falcos Management übervorsichtig. Doch die Sorgen um den Kartenverkauf sollten sich schließlich als völlig unbegründet erweisen; Stunden, ehe Falco seinen Auftritt begann, drängten sich bereits die Fans um die Alabamahalle, letztendlich versuchten noch ein paar hundert, die leer ausgegangen waren, vergeblich, an der Abendkasse Karten zu ergattern.

Ich traf Hans Hölzel an jenem Nachmittag im Hilton-Hotel, wo er abgestiegen war, und trank mit ihm eine Tasse Kaffee. Er sagte mir damals: »Langsam beginnt mir die Tour jetzt Probleme zu bereiten, da ist eine Spannung in einem, die man nicht einfach wegschieben kann. Du kannst nachts nicht schlafen, du rauchst zuviel, du ißt viel zu unregelmäßig.« Er machte sich Sorgen um seine Stimme. »München ist für einen Künstler immer ein heißes Pflaster.« Etwas, was Falcos Freund Udo Jürgens in seinen Memoiren so beschrieben hat: »München ist für die meisten Künstler eine besondere Stadt – aber auch eine Stadt, die einschüchtert. Man hat immer das Gefühl, auf der Hut sein zu müssen. Das

Publikum ist verwöhnt, manchmal übersättigt und überkandidelt.«

Hans konnte sich zwar, so sehr er sich auch darum bemühte, das Rauchen nicht abgewöhnen, »aber im Laufe der Tournee bin ich von starken Zigaretten wenigstens auf wesentlich leichteren Tabak umgestiegen.« Zwei Stunden vor seinem Auftritt in München fährt er noch nach Schwabing zu einem befreundeten Arzt und läßt sich eine Kalziumspritze geben. »Ich nehme auch regelmäßig Vitamine ein«, sagt er, »und hin und wieder lasse ich mir Ozon verpassen.«

Die Sorgen vor dem Auftritt in München erweisen sich schließlich als grundlos. Das Publikum jubelt FALCO zu, er muß einige Zugaben singen, und am darauffolgenden Montag sind die Kritiken in den Zeitungen hervorragend. Besonders die Tatsache, daß sich vor der Alabamahalle die Fans um Eintrittskarten stritten, während andere Künstler ihre Auftritte wegen zu geringem Zuschauerinteresse hatten absagen müssen, fand Erwähnung.

FALCO hat es sich in der Zwischenzeit abgewöhnt, die Rezensionen in den Zeitungen allzu ernst zu nehmen. »Ich mache meine reelle Arbeit auf der Bühne, so gut ich kann.« Aber hin und wieder gibt es doch Berichte, die ihn verärgern. »Wenn zum Beispiel einer schreibt, es würde in meinen Konzerten ›kein Funke überspringen‹, wie ich das kürzlich einmal lesen mußte. Was denken die Leute, die so etwas schreiben? Meinen die, ich müßte mich auf den Boden werfen und spastische Zuckungen bringen, oder ich müßte mir vorn einen Einklatscher hinstellen und mich vor Aufregung naßmachen? Das ist nicht mein Stil.«

Was ihn noch krank macht ist, wenn Fremde unendlich viel Dinge in seine Texte hineininterpretieren, die er nie ausdrücken wollte. »Besonders in Deutschland tut man das gern. Es ist unglaublich, welche soziologischen Betrachtungen ich schon über ganz einfache Lieder von mir lesen mußte. Merkwürdigerweise liegt in der Mentalität der Deutschen eine gewisse Widersprüchlichkeit, eine Art Schwarz-Weiß-Denken. Auf der einen Seite gibt es, beispielsweise bei der Bundeswehr, Verordnungen zur Anwendung von Verordnungen, und andrerseits versucht man stets zwischen den Zeilen zu lesen. Es wird überhaupt keine Interpretationsfreiheit gelassen, um im selben Augenblick überall alles hineinzuinterpretieren. Das ist wirklich verwirrend.«

Mit dem Ansteigen seiner Popularität wurde FALCO auch immer wieder einmal aufgefordert, für bestimmte Politiker Werbung zu machen oder für gesellschaftspolitische Aktionen Empfehlungen abzugeben. Er vermied es lange Zeit. »Ich denke zwar, daß man sich irgendwann als Staatsbürger, der in der Öffentlichkeit steht, politisch äußern sollte, aber ich fühle mich dafür einfach noch zu jung. Ich muß von dem, was ich sage, überzeugt sein. Ich muß zumindest zu 80 Prozent mit der Linie einer politischen Partei konform gehen, wenn ich mich dafür äußere. Es liegt mir nicht, Werbung für etwas zu betreiben, das ich ablehne. Ich könnte genauso wenig für irgendein Ketchup Werbung machen und dann daheim sagen, o Gott, dieses Zeug würde ich nicht einmal anrühren.

Ich würde heute kein besonders gutes Gefühl haben, mich als Aushängeschild benutzen zu lassen und mich in den Dienst einer Partei zu stellen. Jetzt, mit meinen schlampigen Dreißig, bin ich einfach noch zu jung. Ich bin nicht sehr belesen, was die historischen politischen Entwicklungen betrifft, ich weiß ziemlich wenig über die großen Zusammenhänge, ich informiere mich, lese Zeitung und schaue mir die Nachrichtensendungen an, aber das genügt nicht, denke ich.«

Nur einmal wird er seinem Vorsatz untreu. Und zwar ist das, als der Wirbel um den österreichischen Bundespräsidenten Kurt Waldheim entsteht. FALCO macht kein Hehl daraus, daß er sich mit Waldheim nicht anfreunden kann: »Als ich nach meinem ›Kommissar‹-Erfolg vor sechs Jahren zum erstenmal

nach Amerika kam«, sagt er live vor den Fernsehkameras im Rahmen der »Na sowas«-Sendung von Thomas Gottschalk, »fragte man mich, wie's den Känguruhs ginge, weil viele Austria mit Australia verwechselten. Drei Jahre später, als ich wieder hinkam, trat dieses Problem nicht mehr auf. Aber die Amerikaner wollten dafür wissen, wie es dem Professor Sigmund Freud geht. Na ja, und bei meinem letzten Besuch war die Standardfrage, ob ich auch Dr. Waldheim gewählt hätte.«
In einem Interview mit der Wiener »Kronenzeitung« sagt FALCO: »Mir geht das Gequatsche der Politiker einfach total auf die Nerven. Deswegen meine Absage an die Wichtigtuerei diverser ›Mr. Presidents‹ und meine Verbeugung vor der Musik. Das einzige, das wirklich über die Grenzen weg verbindet.«

10

Am 20. Dezember 1985 reist Hans mit seiner hochschwangeren Freundin Isabella und dem Berater Hans Mahr in den Urlaub. »Es war das erstemal, daß mein Sohn nicht mit mir das Weihnachtsfest verbrachte«, erzählt Maria Hölzel, »denn bis dahin gab es stets zwei fixe Tage im Jahr, an denen wir uns sahen – der Heilige Abend und der Muttertag. Doch ich verstand, daß er den Urlaub dringend nötig hatte und nach dem Streß Erholung suchte.«
Die lange Reise – Hans wollte auf die Virgin Islands – war nicht ganz unproblematisch. Schließlich erwartete Isabella im März das Kind, und Hans machte sich Sorgen, daß sie der Flug vielleicht zu sehr anstrengen könnte. »Aber ich brauchte die Sonne, und Isabella versicherte mir immer wieder, wie gut es ihr ginge und daß ihr auch der Arzt versichert habe, die Reise würde keine besondere Gefahr für sie bedeuten. Vor allem war ich sicher, daß im Notfall die ärztliche Versorgung auf St. Thomas okay ist, schließlich gehört die Insel ja zu den USA.«
Hans hatte vor, nach zwei Wochen unter Palmen noch nach Rio weiterzufliegen und sich dort umzusehen. Er war vier Jahre zuvor bereits einmal in der Karibik gewesen, und zwar auf Martinique. »Sonne und Meer, das gibt mir im Grunde genommen viel mehr Erholung als der Schnee«, sagte er, nachdem er Mitte Dezember noch für ein paar Tage in Kitzbühel war, um gemeinsam mit Horst Bork und den Brüdern Bolland die Pläne für die weitere gemeinsame Arbeit zu schmieden. »Vom Januar bis zum 30. November

hatte ich keinen einzigen freien Tag. Es war wirklich ein schrecklicher Streß.«

Kurz vor den Weihnachtsferien Flüge in die Karibik zu ergattern, erwies sich als nicht ganz einfach, und deshalb mußten FALCO, Isabella, Hans Mahr, dessen Sohn Mathias und eine Freundin von Mahr einige Erschwernisse in Kauf nehmen: Am 20. Dezember flogen sie von Wien nach München und übernachteten im Hotel. FALCO hatte schon den ganzen Flug über ein leichtes Ziehen in seinem Bein verspürt und konsultierte deswegen noch am Abend die Hotelärztin, die aber nicht Besonderes feststellen konnte.

Kurz nach dem Start in Richtung New York wurden die Schmerzen immer schlimmer. FALCO mußte seine Beine hochlagern, um die quälenden Stiche im Unterschenkel überhaupt auszuhalten. Die Situation war im Grunde genommen verrückt, nicht die schwangere Isabella, um die sich alle gesorgt hatten, gab Anlaß zur Besorgnis, sondern FALCO.

Er, der ohnedies nicht der Tapferste im Flugzeug ist und deshalb versucht, seine Ängste mit Alkohol zu betäuben, konnte vor Schmerzen kein Auge zumachen.

Hans Mahr: »Als wir schließlich auf dem John F. Kennedy-Airport in New York landeten, passierte etwas Verblüffendes: Der erste, wirklich, der allererste Amerikaner, der FALCO in den USA sah, geriet völlig aus dem Häuschen, stürzte auf ihn zu und bat ihn um ein Autogramm. FALCO reagierte sehr mißtrauisch, er wußte natürlich von seinen früheren Besuchen her, daß man ihn gerade an der Ostküste Amerikas recht gut kannte, aber daß der allererste, der ihn sah, solch einen Zirkus aufführte, verwunderte ihn doch, und eine ganze Weile nahm er ernsthaft an, ich hätte den Empfang inszeniert, um ihm eine Weihnachtsfreude zu machen.«

Die Clique verbrachte die Zeit bis zum Weiterflug nach Miami in Manhattan, und FALCO nutzte die Gelegenheit zu einer neuerlichen ärztlichen Untersuchung. Die Ärzte im

Hospital waren sich zwar nicht sicher, aber sie deuteten an, daß es sich um eine beginnende Thrombose im Bein, eine Art Blutgefäßverstopfung, handeln könnte. Eine Sache, mit der nicht zu spaßen ist: Aus Thrombosen können sich Embolien entwickeln, die tödlich ausgehen.

Am 21. Dezember, nach einem Zwischenstopp in Miami, kamen Hans, Isabella, Hans Mahr und dessen Sohn und Freundin endlich in St. Thomas auf den Virgin Islands an. Es war tatsächlich die Trauminsel, wie sie sich FALCO vorgestellt hatte. Mahr, der schon einmal dagewesen war, hatte für die beiden ein Doppelhaus direkt am Meer reservieren lassen. Vor den Fenstern waren die Klippen, die zum Meer hin abfielen.

Während die Freundin von Mahr und Isabella anfingen, die Koffer auszupacken, fuhr Mahr mit FALCO ins Krankenhaus. Die Schmerzen im Bein waren eher noch schlimmer geworden, und Mahr machte sich große Sorgen.

Im Hospital von St. Thomas bestätigte sich die Vermutung der New Yorker Ärzte. FALCO hatte tatsächlich eine Thrombose, und man spritzte ihm erst einmal Mittel, die das Gerinnen des Blutes hemmten. Dann bat FALCO Hans Mahr, mit seinem Arzt in Wien zu telefonieren, und eine Zeitlang überlegte man, ob es nicht besser sei, wenn er, FALCO, zurück nach Miami fliegen würde, wo beste medizinische Versorgung gewährleistet wäre. Aber schließlich weigerte sich FALCO. »Trotzdem«, sagte er später, »war das Weihnachtsfest natürlich ordentlich verdorben. Die anderen saßen um mein Bett herum, ich wußte nicht recht, wie alles weitergehen würde, und aus der Erholung, nach der ich mich so gesehnt hatte, wurde fürs erste nichts.«

FALCO mußte bis zum 31. Dezember, also zehn Tage lang, still in seinem Krankenbett liegenbleiben. An Silvester wurde er, mit allerlei Auflagen, sich zu schonen, entlassen. Er fuhr in das gemietete Haus, schloß die Fensterläden, setzte sich aufs Bett und machte den Fernsehapparat an. Hans Mahr:

»Und – wieder als ob es bestellt gewesen wäre – kam im MTV, dem Musiksender, gleich als allererstes das ›Rock Me Amadeus‹-Video. FALCO flippte wirklich aus.«
Gemeinsam feierten die vier Erwachsenen und der Junge den Jahreswechsel.
Und im neuen Jahr ging es FALCO besser. Die Behandlung hatte Wirkung gezeigt, tatsächlich ließen die Schmerzen im Bein nach, und er entschloß sich, seine Reise fortzusetzen. Er flog wieder nach Florida, besuchte Disney-Land und reiste dann weiter nach Brasilien.
Hin und wieder stöberten ihn Reporter auf, die ihn zu dem Skandal befragen wollten, der sich zu jener Zeit rund um sein Lied »Jeanny« in Deutschland abspielte. FALCO nahm alles sehr gelassen. »Ich liebe die Samba-Musik, ich liebe Brasilien, und ich habe beschlossen, in meinem nächsten Album einen Samba zu machen.«

5. Kapitel

*Do the bang-bang boogie,
say up jump the boogie.
Herr Präsident, wir kennen
eine Sprache,
diese Sprache heißt Musik*

1

Am 13. März, einem Donnerstag, bin ich mit FALCO gegen Abend im Kurhaus Stühlinger auf dem Semmering verabredet, um über seine Biographie zu sprechen. Es ist ein kühler Tag, aber trocken, nur gegen Abend kommt ein wenig Nieselregen auf.
Als ich mich zum Wegfahren fertigmachen wollte, rief Hans Mahr an: »Eure Unterredung ist verschoben, FALCO ist gerade mit Isabella nach Wien gefahren, das Baby kommt.«
Die letzten Tage hatten FALCO und Isabella noch herumdiskutiert, wie das Kind heißen sollte. FALCO gefiel Katherina, wenn es ein Mädchen würde, Isabella war sehr für Bianca. Und ein Junge?
»Wie wäre es mit Fidelius?« fragte FALCO die völlig konsternierte Isabella. Aber am Ende einigte man sich auf Stefan.
Am 13. März kam um 20 Uhr 10 Katherina Bianca zur Welt. Sie hatte bei der Geburt schwarzes Haar, war 48 Zentimeter groß und drei Kilogramm schwer. Die Geburt verlief, den Wünschen der Mutter entsprechend, ganz sanft, ohne Spritzen, ohne Kaiserschnitt: »Ich habe gesehen, wie natürlich es ist, wenn ein Mensch zur Welt kommt«, sagte FALCO später. Und er war sicher: »Nachdem die Kleine zum erstenmal laut losbrüllte, wußte ich, daß sie meine Stimme geerbt hatte.«
Im ersten Überschwang der Gefühle weigert sich FALCO, wegzufahren. »Die ersten Monate werde ich bei meiner Tochter bleiben, das ist einfach ein aufregendes Erlebnis.« Von seinem Manager verlangt er Vaterschaftsurlaub.
Erst im Mai ist er bereit, die Promotiontour durch die USA zu machen: »Ich wollte eigentlich gar nicht fahren. Wozu

auch? Soll ich nach Amerika gehen und den Leuten erklären, weshalb sie meine Platten gekauft haben?« Schließlich tritt er Mitte Mai als Gast in den drei großen Morning-Shows des New Yorker Fernsehens auf und wird dabei für CBS von Maria Shriver, der Nichte der Kennedys und Ehefrau von Arnold Schwarzenegger interviewt. Er macht noch einen Abstecher nach Los Angeles, um seinen Song für die Fernsehsendung »Solid Gold« aufzunehmen.
Immer wieder erwähnt er sein Kind: »Das Leben hat, bei allen Qualitäten, die durch den Erfolg kamen, für mich seit der Geburt andere Aspekte dazubekommen.« Als er im Spielwarenladen F. A. Schwarz in Manhattan einen riesengroßen Teddybären sieht, beschließt er, den Teddy für Katherina mitzunehmen. Das schafft gewaltige Probleme, denn der Bär ist so voluminös, daß er nicht mehr als Handgepäck mit ins Flugzeug darf. FALCO wiederum weigert sich standhaft, den Bären mit der Post zu versenden und muß für den Teddy einen eigenen Sitzplatz buchen.
Daraufhin schrieb die englische Millionen-Zeitung »The Sun«: »FALCOS Exzentrik schlägt immer neue Kapriolen. Jetzt nimmt er schon einen Teddy zu einem 1200-Dollar-Luft-Picknick mit!« Und weiter wußte die Zeitung zu berichten: »Die anderen Passagiere sahen verblüfft zu, wie FALCO für sich einen Lunch und für den Bären Champagner und einen Kuchen bestellte.«

2

Während all der Promotions-Termine war FALCO nicht untätig geblieben. Am 14. Juni stellt er im Rahmen der Sendung »Na sowas« dem deutschen Fernsehpublikum sein neuestes Lied, »The Sound Of Musik«, vor.
Nachmittags, bei der Probe, sagte der Präsentator Thomas Gottschalk das Lied an: »The Sound Of Music«.
»Of Musik«, verbesserte ihn FALCO.
Es ist ihm wichtig, weiterhin die textliche Mischung aus dem Amerikanischen und dem Deutschen beizubehalten. Und dann heizte er zum ersten Mal an: »Es beginnt in einem Wald, alle Rechte sind bezahlt . . .«
Für seinen Auftritt im Fernsehen hatte FALCO wiederum die rote Uniformjacke mit den Goldbiesen ausgewählt und dazu eine Lederhose und Tennisschuhe. In der Sendung sind noch Steve Windwood, von der früheren Spencer Davis Group, Elke Sommer und ein paar Zauberer. Gottschalk, der ihn im Zuge des Wirbels um FALCO »Jeanny« ziemlich hart angegriffen hatte, hatte sich brieflich bei FALCO entschuldigt, und der hatte die Entschuldigung angenommen. Aber dennoch wird deutlich, daß die beiden keine Freunde sind. Gottschalk befragte FALCO zu seinem Riesenerfolg in den USA, und FALCO blieb ziemlich gelassen und meinte: »Was wir Menschen in der Welt wollen, ist, Berge zu erklimmen. Was wir aber nie vergessen dürfen, ist, daß man von einem Berg erst wieder herunterkommen muß, ehe man den nächsten bezwingen kann. Das gilt auch für mich. Ich versuche immer wieder auf den Boden der Tatsachen zurückzufinden.«

Drei Tage darauf ist er Stargast in der Live-Sendung »Freizeichen« in Ö3. Während dieser Sendung konnten Hörer beim Rundfunk anrufen und FALCO befragen. Dabei kündigte er an, er würde nach seiner großen Sommertournee mit der Tänzerin Liz King und dem Tanztheater Wien sein neues Album »Emotions« vorstellen.
Es soll, sagt er, sein letztes Album für zwei Jahre werden: »Wenn man 365 Tage im Jahr in dieses Werkel eingespannt ist, sieht man gar nicht mehr, was eigentlich geschieht. Und ich brauche wieder Ruhe, um zu mir selbst zu finden.«
In Brasilien hat er öfter den alten Song »Girl From Ipanema« gehört, und das Lied hatte ihn so fasziniert, daß er beschloß, eine eigene Fassung davon auf seine nächste Platte zu nehmen. Dazu kommt »The Sound Of Musik«, »Noveau Riche« und »One Minute To Live«, sowie »Crime Time«.
Immer wieder fragen ihn Anrufer nach seiner Tochter, ein kleines Mädchen sagt, es hätte sogar ein Poster von Katherina Bianca in seinem Zimmer. Und FALCO antwortet irgendwann: »Wenn ich im kommenden Jahr für ein paar Monate nach Amerika gehe, dann wird mein Kind sicherlich mit mir kommen. Die ganze Familie, natürlich, ich denke, am Ende werden wir 35 Leute sein.«
Nach seiner Tournee hat FALCO Pläne, die über die Musikkarriere hinausgehen. Er möchte sich einen alten Traum erfüllen und sich als Schauspieler versuchen. »Ich würde gerne in guten Komödien spielen, und ich denke, ich habe auch Talent für diesen Beruf.«
Es gibt große Vorbilder: »Hans Albers zum Beispiel.«

3

Am 1. Juli traf FALCO mit Isabella und dem Baby in Velden am Wörthersee ein, wo die Dreharbeiten zu seinem ersten Spielfilm beginnen sollen. Es ist noch nicht ganz das, was er sich erträumt hatte, es ist ein typischer Sommerfilm, der da unter der Regie von Dr. Dieter Pröttel gedreht werden soll, ein Klamaukstreifen mit Mike Krüger und Ursela Monn in den Hauptrollen, und FALCO soll im Grunde nichts anderes spielen, als den Supersänger FALCO, der am Wörthersee ein vielumjubeltes Konzert gibt.
Die Gage ist beachtlich, »und im Grunde ist es für mich ein wunderbarer, bezahlter Urlaub, denn ich liebe den Wörthersee.« Am 3. Juli machte Hans seinen Motorbootführerschein, weil er schon vor ein paar Jahren seine Liebe zum Speedbootfahren entdeckt hatte. »Jetzt habe ich gesehen, welchen Spaß es meiner Tochter macht, auf dem Wasser herumzudüsen, und deshalb habe ich mich entschlossen, die Fahrlizenz zu machen und ein Boot zu kaufen.«
Eine Party zu seinen Ehren, vom Produzenten Carl Spiehs am Abend des 3. Juli in Pörtschach auf die Beine gestellt, geriet zu Triumph – und teilweisem Horror: 3000 Schaulustige drängten sich am Monte-Carlo-Platz herum, um einen Blick auf FALCO werfen zu können, schließlich mußte ihn eine Eskorte von fünf Polizisten auf Motorrädern begleiten, um ihm ein Durchkommen durch die Menschentrauben zu ermöglichen. Im Angesicht des Wirbels verlor er bald die Lust. Heimlich verließ er mit Isabella seine Party und eine ganze Weile ersetzte ihn ein Double, ein Junge, der ihm

ähnlich sah und der mit Frisur und dunkler Brille auf Falco getrimmt worden war.

Am 5. Juli trat er dann auf der Burgruine Finkenstein auf, das Konzert wurde für den Film mit dem beziehungsreichen Titel »Geld oder Leber« aufgezeichnet. Der Andrang war zumindest ebenso gewaltig wie bei der Party zwei Tage vorher.

Das Filmen macht Falco Spaß, und so beschloß er, sich 1987 eine Weile in Los Angeles umzusehen. »Gewisse Gespräche laufen bereits, mal sehen, vielleicht gibt's in den USA eine entsprechende Rolle für mich.«

Seine Musikkarriere hat ohnedies alle Fesseln gesprengt: Warner Brothers bietet, wird während der Dreharbeiten am Wörthersee gemunkelt, einen Fünf-Millionen-Dollar-Vertrag nur für die amerikanischen Rechte. Mit dem, was Teldec für den auslaufenden deutschen Vertrag auslobt – man redet von sieben Millionen Mark –, kann Markus Spiegel nicht mehr mithalten, er wird sich in Zukunft darauf beschränken, die Falco-Alben in Österreich zu pushen.

4

Wenn das Leben ein Traum ist, dann können Träume hin und wieder zum wirklichen Leben werden. »Kürzlich«, sagte Hans Hölzel, »hat eine österreichische Zeitung eine Umfrage unter den Lesern gestartet, was denn den Leuten an mir gefiele. Und das verblüffende Ergebnis war, daß mehr als 90 Prozent schrieben, sie fänden es toll, *wie* etwas aus mir geworden sei. Meine Frisur, meine Bewegungen auf der Bühne, mein Hut oder meine Sonnenbrille, das alles ist den Leuten egal.
Sie beachten meinen Lebensweg, mein Tun und meine – machmal harten – Auseinandersetzungen mit mir selbst. Das finde ich sehr ermutigend.« Er sagt auch: »Jetzt muß ich irgendwann zu mir selbst kommen, denn wirklich geschafft habe ich es dann, wenn mich keiner mehr fragt, warum ich diesen oder jenen Song so oder so geschrieben habe, so, wie man einen Maler ja auch nicht fragt, warum er bei seinem letzten Bild statt der Farbe Grün die Farbe Rot verwendet hat.«

ZEITTAFEL:

1957: Am 19. Februar, einem Dienstag, kommt Johann Hölzel um 13 Uhr 15 als Sohn von Alois und Maria Hölzel in Wien zur Welt.

1961: Hans wünscht sich ein Akkordeon zu seinem 4. Geburtstag, seine Eltern schenken ihm jedoch ein Klavier. Von nun an erhält er bei Dr. Maria Bodem Klavierunterricht.

1962: Der Junge spielt bereits 35 Schlager zweihändig auf dem Klavier, nur nach dem Gehör. Ein Professor der Musikakademie in Wien sagt Maria Hölzel, nachdem er Hans getestet hat: »Solch ein absolutes Gehör ist mir in meiner Laufbahn noch nicht begegnet.«

1963: Im Dezember tritt Hans anläßlich einer Weihnachtsfeier seiner Schule erstmals öffentlich auf. Unter anderem spielt er den »Donauwalzer«.

1968: Hans geht ins Rainer-Gymnasium. Sein Vater trennt sich von seiner Mutter. Hans fängt – heimlich – mit dem Rauchen an.

1971: Die Großmutter stirbt, Hans lebt jetzt ziemlich selbständig, er bezieht die Wohnung der Großmutter in der Ziegelofengasse in Wien-Margareten, seine Mutter nimmt eine Stelle an, bei der sie viel herumreisen muß, Hans' Erwachsenenleben fängt an.

1972: Mit 1200 Schilling, die ihm sein Vater schenkt, kauft er seine erste Gitarre. Er hört auf, Klavier zu spielen und verlegt sich ganz auf das Gitarrespiel. Er hat wenig Lust, die Schule weiter zu besuchen, am Jahresende hat er 485 Fehlstunden.

1973: Hans erklärt seiner Mutter, daß er nicht mehr länger auf das Gymnasium gehen möchte. Er muß eine Stelle bei der Pensionsversicherungsanstalt annehmen. Hans macht seine ersten Erfahrungen mit Mädchen. Künstlerisch läßt er sich völlig von David Bowie beeinflussen. Gemeinsam mit Schulfreunden stellt er seine erste Band zusammen. Die Jungen geben ihrer Gruppe den Namen »Umspannwerk«. Meist proben sie im Keller eines Hauses in Kaltenleutgeben bei Wien.

1974: Hans meldet sich freiwillig zum Militär, um danach seine Musikerkarriere starten zu können. Er kommt zur Fernmeldeaufklärung.

1975: Hans hängt häufig in den Wiener Discotheken herum, bevorzugt im »Voom Voom«. Er interessiert sich sehr für Jazz und geht nach Berlin, wo er für 150 Mark Abendgage in verschiedenen Kneipen spielt.

1977: Zum ersten Mal verwendet er den Künstlernamen FALCO. Anfangs nennt er sich Falco Stürmer und Falco Gottehrer. In Wien organisiert er die Gruppe »Spinning Wheel«, eine Band, die schon bald zu den gesuchtesten Kommerzgruppen Österreichs zählen soll.

1979: Im Mai produziert FALCO im Plattenstudio »Cloude one« seine erste Single, »Chance To Dance«, eine Eigenkomposition. Die Platte kommt nie auf den Markt, der Versuch hat Hans 12 000 Schilling gekostet. FALCO tritt mit der »Hallucinations Company« auf. Er spielt die Baßgitarre. Schließlich wechselt er zur Untergrund-Kultband »Drahdiwaberl«, macht aber immer noch mit den »Spinning Wheel« Musik.

1980: FALCO landet seinen ersten Hit, »Ganz Wien«, den er gemeinsam mit »Drahdiwaberl« spielt. Die Platte wird vom Rundfunk mit Spielverbot belegt. Markus Spiegel, ein ehemaliger Journalist und nunmehriger Besitzer verschiedener Plattenläden, macht mit

»Drahdiwaberl« eine LP: »Psychoterror«. Bei den Aufnahmen fällt Spiegel der Baßgitarrist der Gruppe auf. Er macht ihm das Angebot, drei Solo-LP's zu machen. Falco sagt sofort zu.

1981: Robert Ponger, ein Arrangeur und Komponist, gibt Falco ein Demo-Band mit einer Eigenkomposition, die Falco zu dem Text »Der Kommissar« inspiriert. Die erste LP – »Einzelhaft«, sie kommt 1982 auf den Markt, wird ein Riesenerfolg. »Der Kommissar« steht nicht nur in Österreich, sondern auch in Deutschland an der Spitze der Charts, in den USA kommt der Song in die Hitparaden. Drei Kneipen werden allein in Los Angeles »Der Kommissar« getauft, insgesamt wird der »Kommissar« 6,5 Millionen Mal verkauft, als Album, Single, Musikkassette und ähnliches.

1984: Das zweite Album von Falco kommt in die Läden. »Junge Roemer«. Der Start des Albums mußte mehrmals verschoben werden, da Falco mit der Produktion nicht rechtzeitig fertig wurde. Er stellte höchste Anforderungen an sich und seine Mitarbeiter, doch die Platte lief nicht so gut wie erwartet. Der mangelnde Erfolg stürzt ihn in Selbstzweifel und Depressionen.

1985: Von einer Reise nach Thailand zurückgekehrt, sagt er: »Jetzt ist ein Wendepunkt, ich habe beschlossen, mit mir selbst Freundschaft zu schließen.« Er fängt an, mit den holländischen Brüdern Rob und Ferdi Bolland zusammenzuarbeiten. Die Idee für »Rock Me Amadeus« wird geboren. Am 25. Mai singt Falco zur Eröffnung der Wiener Festwochen auf dem Rathausplatz. 50 000 kommen, um ihn zu sehen. Im August kommt »Falco III« auf den Markt. Die Platte schlägt sensationell ein.

In einem Café hat Hans am 28. Juni Isabella Vitkovic kennengelernt. Die beiden ziehen zusammen.

Im Rahmen seiner ersten Tournee tritt er am 31. Oktober vor 11 000 begeisterten Zuschauern in der Wiener Stadthalle auf. Sein Lied »Vienna Calling« liegt an der Spitze zahlreicher europäischer Charts, nachdem »Rock Me Amadeus« für Wochen die Hitparaden angeführt hatte.

Zu Weihnachten 1985 macht FALCO mit Isabella Urlaub auf den Virgin Islands. Während dieser Zeit gibt es in Deutschland einen Skandal – etliche Rundfunksender weigern sich, »Jeanny« zu spielen. FALCO kündigt an, daß noch 1986 die Fortsetzung von »Jeanny« herauskommen wird.

»Rock Me Amadeus« kommt in die amerikanischen Charts, im März und April liegt es drei Wochen lang an der Spitze der amerikanischen Hitparade. Das ist noch keinem deutschsprachigen Künstler gelungen. Nach ABBA wird FALCO der erfolgreichste Europäer in den USA überhaupt.

Am 13. März um 20 Uhr 10, kommt FALCOS Tochter Katherina Bianca auf die Welt. Er ist bei der Geburt dabei. Sein neuester Song, »The Sound Of Musik«, stößt in der Bundesrepublik und Österreich sofort an die erste Stelle der Charts. Im Sommer arbeitet er mit den Brüdern Bolland in Hilversum an seiner vierten LP, »Emotions«. Am 11. Oktober beginnt in Graz seine große Tournee, die ihn in 35 Städte führen soll.

FALCO möchte eine zweite Karriere als Schauspieler aufbauen, sein erster Spielfilm, »Geld oder Leber«, in dem er eine kleine Rolle übernommen hat, kommt im August in die Kinos. Weitere Projekte in Deutschland und den USA sind in Planung. 1987 möchte FALCO für einige Monate in die USA gehen.

FALCO-LP's

1982 **»Einzelhaft«** — Falco (Teldec 6.25111)
Zu viel Hitze
Der Kommissar
Siebzehn Jahr
Auf der Flucht
Ganz Wien
Maschine brennt
Hinter uns die Sintflut
Nie mehr Schule
Helden von heute
Einzelhaft

1984 **»Junge Roemer«** (Teldec 6.25800)
Junge Roemer
Tut-ench-amun
Brillantin' brutal
Ihre Tochter
No Answer (Hallo Deutschland)
Nur mit dir
Hoch wie nie
Steuermann
Kann es Liebe sein

1985 ***FALCO III«*** (Teldec 6.25210)
    Rock Me Amadeus
    America
    Tango The Night
    Munich Girls
    Jeanny – Part I
    Vienna Calling
    Männer des Westens – Any Kind Of Land
    Nothin' Sweeter Than Arabia
    Macho Macho
    It's All Over Now, Baby Blue